지식재산권을 통한 금융거래 및 자금조달 가이드북

고 재 종

한국지식재산연구원
Korea Institute of Intellectual Property

머리말

최근에는 세계 경제의 둔화와 미·중 통상 분쟁과 세계보호무역
주의 강화 추세, 브렉시트(Brexit) 등 대외 불확실성의 증가, 국내 경
기의 하락 등 국내외의 경제전망이 어두워졌다. 나아가 2020년 초
반 세계적으로 유행하기 시작한 코로나 19(Covid-19)로 인하여 전
국민이 고통을 받고 있다. 중소기업과 중견기업도 그 예외는 아니
다. 이에 따라 중소기업 내지 중견기업들은 기업체 내의 자산을 대
상으로 금융거래 및 자금조달을 하고자 하나, 보유 자산의 빈약함
으로 많은 어려움을 겪고 있다. 실제로 금융기관을 통해 자금조달
을 하려고 노력하지만, 금융기관은 중소기업 등의 리스크가 크다는
이유를 들어 자금대출에 소극적인 태도를 취하고 있다.

이에 중소 내지 중견기업들은 자신들이 처한 경영난을 해소하기
위하여 다양한 형태의 금융거래 및 자금조달 방법을 찾게 되었다.
그 과정에서 특별한 관심을 갖게 된 것이 지식재산권과 같은 무체
재산(상표권, 저작권, 특허권 등)을 수단으로 다양한 금융거래 및 자금
조달을 하는 방법이다. 미국, 일본, 영국, 중국 등 각국은 이러한 금
융거래 및 자금조달에 대하여 오래전부터 관심을 갖고 이용하여
왔으나, 우리나라는 최근 들어서 관심을 갖게 되었다. 즉, 2013년 7
월 금융위원회가 "창조경제 실현을 위한 지식재산권금융 활성화
방안"을 발표하면서 정부 주도의 형태로 금융거래 및 자금조달을
활성화시키고자 하였다. 그러나 시중은행은 지식재산권의 가치 산
정의 어려움, 가치평가를 하였다고 하더라도 가치평가기관에 대한
불신 및 우리나라의 관련시장의 협소 등으로 인하여 중소기업 등
과 금융거래 및 자금 대출에 매우 소극적이었다. 이에 정부는 이러
한 문제점의 해결을 도모하면서 중소기업 등에게 금융거래 및 자

금조달이 원활하게 이루어질 수 있도록 지속적인 노력을 기울이고 있다.

이에 이 책에서는 중소기업 등이 지식재산권을 통한 금융거래 및 자금조달을 활발하게 할 수 있도록 다양한 정보를 제공하고자 한다. 그 내용으로는 먼저, 제2장에서는 금융거래 및 자금조달의 대상이 되는 지식재산권에는 어떤 것들이 있는지를 소개하였으며, 제3장에서는 미국, 영국, 일본, 중국 등의 해외뿐만 아니라 국내의 지식재산권을 통한 금융거래 및 자금조달의 제도를 소개하고자 하였다. 다음으로 제4장에서는 금융거래 및 자금조달을 위한 구체적인 방법으로 지식재산권을 통한 대출과 보증, 지식재산권을 근거로 증권의 발행을 통해 자금조달을 하는 지식재산권의 유동화 문제에 대하여 살펴보았다. 마지막으로 제5장에서는 이러한 금융거래 및 자금조달을 하기 위해서는 지식재산권의 가치에 대하여 공정하고 객관적으로 평가하여야 하는데, 이와 관련한 정성적 평가 및 정량적 평가 등에 대하여 소개하고자 하였다.

물론 이 책이 중소기업이나 중견기업 등이 필요한 금융거래 및 자금조달의 제도를 모두 완벽하게 소개하는 데에는 한계가 있다. 그럼에도 불구하고 이 책을 쓰게 된 것은 이러한 제도에 대한 정보가 너무나 부족하기 때문이다. 모쪼록 이 책에 기술된 정보를 토대로 기업들이 원하는 금융거래 및 자금조달에 도움이 된다면 저자로서는 이 책을 쓰게 된 동기를 어느 정도 달성하였다고 본다. 중소기업이나 중견기업 모두 무궁한 발전을 기원한다.

2020. 11.

저자 씀

차 례

:
:
:
:

6

제3장　지식재산권을 통한 금융거래 및 자금조달의 국내외의 동향　125

제 1 장

지식재산권의 의의

1. 지식재산권의 개념

지식재산권(Intellectual porpoerty rights)이란 용어는 독점금지법의 영향에 따라 과거 법률가 또는 기업 등에서 '무형재산권(intangible property rights)'이라는 용어로 처음 사용하였다.[1] 이후 1967년 세계지식재산권기구(World Intellectual Property Organization: WIPO)가 'Convention establishing the World Intellectual Property Organization'을 제정하였는데, 1975년 일본이 이 협약에 가입할 무렵 위의 명칭을 「세계지적소유권기구를 설립하는 조약(世界知的所有權機關を設立する条約)」으로 명명하면서 우리나라도 그동안 '지적소유권'이라는 용어를 사용하여 왔다. 이후 1998년 4월 28일 특허청이 '지적재산권'이라는 용어가 여러 가지 면에서 적절치 않다고 지적하면서 '지식재산권'이라는 용어의 사용을 논의하였으며, 2011년 7월 20일부터 「지식재산기본법」이 시행되면서 본격적으로 사용하게 되었다.[2]

이러한 지식재산권(知識財産權)이 무엇인지에 대해서는 우리나라 지식재산기본법 제3조 제3호에서 정의를 내리고 있다. 즉, "법령 또는 조약 등에 따라 인정되거나 보호되는 지식재산에 관한 권리"라고 정의하고 있다. 여기에서 '지식재산'이란 인간의 창조적 활동 또는 경험 등에 의하여 창출되거나 발견된 지식·정보·기술, 사상이나 감정의 표현, 영업이나 물건의 표시, 생물의 품종이나 유전자원, 그 밖에 무형적인 것으로서 재산적 가치가 실현될 수 있는 것을 말하며(같은 법 제3조 1호), '신지식재산'이란 경제·사회 또는 문화

---

1) 무체재산권이란 용어가 우리 땅에 쓰이기 시작한 것은 일제 강점기 무렵이다[박준석, "무체재산권·지적소유권·지적재산권·지식재산권 — 한국 지재법 총칭 변화의 연혁적·실증적 비판"「서울대학교 법학」제53권 4호(서울대학교 법학연구소, 2012. 12), 113쪽].

2) 박준석, 위의 글, 121쪽.

의 변화나 과학기술의 발전에 따라 새로운 분야에서 출현하는 지
식재산을 말한다(같은 법 제3조 2호)고 규정하고 있다.[3]

세계지식재산권기구(World Intellectual Property Organization:
WIPO)에서는 "문예, 미술 및 학술의 저작물, 연출가의 연출, 음반
및 방송, 인간 활동의 모든 분야의 발명, 과학적 발견, 의장, 상표,
서비스·마크 및 상호 기타 상업상의 표시를 보호하는 권리 및 산
업, 학술, 문예 및 미술 분야의 지식 활동에서 발생되는 기타의 권
리를 말한다"고 규정하고 있다(같은 협정 제2조 제8항).[4]

한편 일본은 지식재산권의 개념을 사업 활동과 연관지어 개념화
하면서 우리나라보다 구체적으로 정의하고 있다. 즉, '지식재산'이
란 발명, 고안, 식물의 신품종, 의장, 저작물 그 밖의 인간의 창조적
활동에 의하여 산출되는 것(발견 또는 해명된 자연의 법칙 또는 현상에
있어서 산업상의 이용가능성이 있는 것을 포함), 상표, 상호, 그 밖의 사
업 활동에 이용되는 상품 또는 서비스를 표시한 것 및 영업비밀 그
밖의 사업 활동에 유용한 기술상 또는 영업상의 정보라고 정의하
고 있다(일본 지적재산기본법 제2조 제1항).[5]

2. 지식재산권의 필요성

지식재산권은 왜 필요한 것인가? 그것은 사람의 지적 창작능력
을 발휘할 수 있도록 법률로 보호하고자 함에 있다. 구체적으로 보
면 다음과 같다.

첫째, 시장에서 독점적 지위가 확보될 수 있기 때문이다. 즉, 특

3) https://www.law.go.kr/lsInfoP.do?lsiSeq=113302#0000.
4) 정재환·이봉수, "국제지적재산권의 기원과 그 형성사에 관한 연구," 「경
영사학」 제27집 제1호(한국경영사학회, 2012. 3), 66쪽.
5) https://elaws.e-gov.go.jp/search/elawsSearch/elaws_search/lsg0500/de
tail?lawId=414AC0000000122.

허 등 지식재산권은 독점적이고 배타적인 성질을 가진 권리로 이를 통하여 신용대출이 가능하며 소비자의 신뢰도를 향상시킬 수 있으며, 기술 등에 대한 지식재산권의 매매 등으로 로열티 수입이 가능하기 때문이다.

둘째, 지식재산권이 인정되면 사전적으로 관련 분쟁을 예방하고 사후적으로 분쟁 발생 시 권리를 보호받을 수 있기 때문이다. 즉, 특정인 자신이 발명하고 개발한 기술을 적시에 출원하여 지식재산권을 취득하였다면, 이와 관련하여 타인과의 사이에 발생 가능한 분쟁을 사전에 예방하고 또한 타인이 이 지식재산권을 무단으로 이용하는 경우에는 법에 근거하여 적극적 보호를 받을 수 있기 때문이다.

셋째, 지식재산권은 R&D 투자로부터 회수가 가능하고 추가 기술개발을 위한 원천이 되기 때문이다. 즉, 지식재산권은 기술개발을 위하여 그동안 투자하였던 막대한 비용을 회수할 수 있는 수단이 되며, 이를 토대로 다른 사람과 분쟁 없이 응용기술을 추가로 개발하는 것이 가능하기 때문이다.

넷째, 정부의 각종 정책자금 지원 및 세제 혜택을 우선적으로 지원받을 수 있기 때문이다. 즉, 특허권 등 지식재산권을 취득하여 보유한 상태에서 지식재산권을 근거로 사업화하고자 하는 경우 정부로부터 우선하여 자금을 지원받아 우수 발명품6)이나 시작품의 제작을 할 수 있으며, 또한 정부로부터 그에 대한 세금의 면제 내지

---

6) 특허청은 중소기업의 우수 발명품을 국가기관, 지방자치단체 등이 우선 구매하도록 추천해 공공시장 판로 개척과 기술혁신을 돕는 '2020년 우수발명품 우선구매추천사업'을 시행한다고 3월 18일 밝혔다. 이 사업에 따라 수요기관은 물품 구매 과정에서 특허청장이 추천한 중소기업의 우수 발명품을 먼저 살 수 있다. 사업 신청 건수는 2017년 220건에서 2018년 303건, 2019년 433건으로 연간 40% 가량 늘어나는 등 중소기업의 관심이 높아지고 있다[이준기, "국가·지자체 우수발명품 우선 구매," 디지털타임즈, 2020. 3. 18, http://www.dt.co.kr/contents.html?article_no=2020031802109931731002&ref=daum].

감면 혜택을 받을 수 있기 때문이다.[7]

시장에서의 독점적 지위 확보	신용창출, 소비자의 신뢰도 향상 및 기술 판매를 통한 로열티 수입 가능
분쟁 예방 및 권리 보호	사전적으로 타인과의 분쟁을 예방하고, 사후적으로 타인이 자신의 권리를 무단 사용 시 법적 보호 가능
투자비 회수 및 추가 기술 개발의 원천	R&D를 위하여 지급한 막대한 투자비를 회수할 수 있으며, 그를 토대로 추가 응용 기술 개발의 원천이 됨
정책자금 지원 및 세제 혜택	사업화를 위한 우대자금을 지원받을 수 있고, 정부의 각종 세제 혜택을 받을 수 있음

3. 금융거래 및 자금조달을 위한 지식재산권

4차 산업혁명과 인공지능 등 정보 산업의 눈부신 발전으로 지식재산권에 대한 관심이 증대되었고, 이에 대한 경제적 가치가 매우 높아졌다. 이에 벤처기업이나 중소기업 등은 자신들의 기술투자 및 경영상 어려움을 극복하기 위하여 금융거래 및 자금조달을 할 수 있는 다양한 방법을 요청하였다.[8] 특히 자금력이 약한 벤처기업이나 중소기업 등은 지식재산권을 금융거래 및 자금조달의 수단으로 적극적으로 활용할 수 있도록 요청하였다. 중소기업의 이러한 요청은 소비 측면,

---

7) 이창희, "지식재산권은 왜 필요한가?," 「포커스 경제」, 2016. 2. 1, http://www.gungsireong.com/news/articleView.html?idxno=4027.

8) 고재종, "지식재산권을 기반으로 한 기업의 자금조달의 문제점 및 개선방안," 「지식과 권리」 통권 제21호(대한변리사회, 2018), 57-58쪽.

산업정책적 측면, 금융정책적 측면이라는 세 가지 측면에서 지식재산에 대한 인식과 환경이 변화하였기 때문이라고 한다.9)

첫째, 소비 측면에서 정보의 사회적 한계비용은 제로이며, 배제가 가능하고 공공성을 띠고 있다는 점이다. 종래 특허권 등 지식재산권의 특성으로 배제불가성이 인정되었으나, 근래 이에 대한 예외를 인정하여 배제가 가능한 경우가 존재한다는 점이다. 또한 종래 지식재산권은 R&D를 통한 기술개발과 그에 대한 권리화 및 그 권리의 침해로부터 보호라는 측면에서만 논의되어 왔으나, 근래 들어 그 범위가 확대되어 음악·영화와 같은 디지털 컨텐츠 등 정보 자체가 상품화되거나 제조업에서 고도의 기술 정보가 경쟁력의 원천이 되는 등 정보 그 자체에 대한 경제적 가치가 높아졌다는 점이다. 이에 벤처기업이나 중소기업은 지식재산을 금융거래 및 자금조달의 수단으로 적극 활용할 필요가 있다고 주장하였다.10)

둘째, 산업정책적인 측면에서 기술혁신(innovation)이 매우 중요한데, 이에 대한 주된 담당자가 벤처기업이나 중소기업이다. 그런데 이들 기업은 대기업에 비하여 토지나 건물 등 유형 자산을 많이 보유하고 있지 않아 이를 담보로 융자를 받기가 쉽지 않았다. 따라서 벤처기업이나 중소기업은 자신들이 개발한 발명이나 저작물 등 지식재산을 금융거래 및 자금조달의 수단으로 활용할 수 있도록 정부나 금융기관에 요청하였다는 점이다. 만약 이러한 요청이 받아들여진다면 국가의 경쟁력 강화와 경제성장의 촉진을 위하여 벤처기업이나 중소기업이 중요한 역할을 할 것이라고 주장하였다.11)

셋째, 금융정책 측면과 관련하여 우리나라는 자금조달 시 유형

---

9) 김신연, "IP 금융 활성화를 위한 제언," INSIDE, 2016. 4. 20.

10) 沢本更永, "知的財産權担保融資の課題と意義," 日本社会情報学会全国大会研究発表論文集(第19回全国大会), 日本社会情報学会, 2004, 140頁.

11) 위의 자료.

자산만을 담보로 설정하였으나 1997년 말 IMF, 2008년 금융위기 등으로 기존의 담보 정책을 탈피하여 새로운 형태의 자금조달 방법이 요구되었다는 점이다.[12]

이에 우리나라의 금융위원회는 벤처기업이나 중소기업의 요구를 받아들여 2013년 7월 무형자산인 지식재산을 수단으로 한 금융을 활성화시켜 창의적 아이디어와 지식재산의 개발, 그리고 사업화 가능성을 높이고자 "창조경제 실현을 위한 지식재산금융 활성화 방안"을 발표하였다. 그렇지만, 그 이후 정책 금융에 의한 직접적인 역할을 하는 경우를 제외하고는 국내의 지식재산 시장에 눈에 띄는 긍정적인 변화는 확인할 수 없었다.[13] 이처럼 금융위원회의 노력에도 불구하고 금융기관이 지식재산권을 이용한 금융거래 및 자금조달에 소극적인 것은 지식재산의 가치산정이 곤란하고, 기존의 가치평가기관에서 산정한 지식재산에 대한 가치평가액을 신뢰할 수 없으며, 관련 시장이 협소하기 때문이라고 하였다.[14] 그렇다고 하여 금융위원회가 이 제도의 활성화를 방치한 것은 아니다. 지식재산권을 수단으로 한 금융거래 및 자금조달의 문제점을 분석하고 그에 대한 개선방안을 마련하고자 지속적인 노력을 기울여 왔다. 그 근거로는 2022년까지 지식재산 금융을 2조 원의 규모로 확대한다는 「지식재산 금융활성화 종합대책」을 마련한 경우를 들 수 있다. 그 구체적인 내용으로 향후 5년간 9천여 개의 중소기업을 지원하고, 나아가 600억 원의 이자비용을 절감시키며, 지식재산 담보대출 회수 시스템의 도입 지식재산 투자 펀드 조성 확대 등을 실시한다고 발표한 것을 그 예로 들 수 있다.[15] 향후 이 종합대책에서

---

12) 위의 자료.
13) DBR, "지재권 가치 인정부터 먼저… '특허=돈' 인식 심으면 IP금융 문 열린다," 2016 . 6, Issue 1(202호).
14) 김신연, "IP 금융 활성화를 위한 제언," INSIDE, 2016. 4. 20.
15) 금융위원회 · 특허청, "지식재산 금융 활성화 종합대책 발표," 2018. 12, 12쪽.

의 추진전략 및 주요 목표를 보면 다음과 같다.

2022년까지의 추진전략

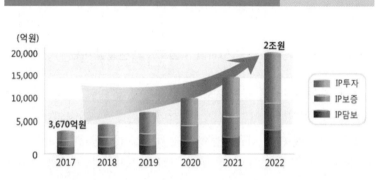

| 출처 | 금융위원회 · 특허청, "지식재산 금융 활성화 종합대책 발표," 2018.12, 12쪽.

구체적인 목표

IP 담보 및 보증대출 활성화	IP담보대출 취급은행	'17 3개 '22 10개	특허담보 활용률	'17 1.4% '22 8%
IP투자 규모 확대	모태펀드 투자규모	'17 738억 '22 2,500억	IP투자 벤처캐피탈	'17 31개 '22 200개
금융친화적 IP가치평가 체계 구축	가치평가 기관	'17 15개(민간 5) '22 25개(민간 13)	IP보유 중소기업의 IP금융활용률	'17 3.3% '22 15%
IP금융 확산을 위한 인프라 구축	전문 교육과정	'17 1개 '22 20개	IP금융 및 IP지원사업 연계상품	'17 0개 '22 10개

| 출처 | 금융위원회 · 특허청, "지식재산 금융 활성화 종합대책 발표", 2018. 12, 12쪽.

4. 금융거래 및 자금조달제도의 활성화 과제

지식재산권을 통한 금융거래 및 자금조달이 활성화되기 위해서는 다음과 같은 노력이 필요하다고 본다.

(1) 지식재산을 통한 금융거래 및 자금조달의 단일법 마련

현행 지식재산권을 수단으로 한 금융거래 및 자금조달과 관련된 법률로는 「지식재산기본법」, 「과학기술기본법」, 「기술의 이전 및 사업화 촉진에 관한 법률」 등이 있는데, 이러한 법률은 대부분 선언적 규정을 하고 있다. 다음으로 지식재산권의 담보 대출의 문제는 「동산·채권 등의 담보에 관한 법률」, 지식재산권의 유동화의 문제는 「자산유동화에 관한 법률」을 기준으로 처리하고 있다.

그런데 우리나라에서 지식재산권을 자산으로 보고 이를 수단으로 금융거래 및 자금조달를 하려는 기업은 대부분 그 규모가 영세한 중소기업이나 벤처기업으로 보이며, 이들은 지식재산권 관련 법제를 제대로 알지 못하는 경우가 많다. 물론 이에 대하여 관련 기관에서 적극적인 홍보를 함으로써 문제를 해결하고 있는 것으로 보인다. 하지만 지금처럼 분산되어 있는 법제 속에서 중소기업이나 벤처기업이 지식재산권을 통한 금융거래 및 자금조달을 하기에는 많은 불편함이 제기되고 있다. 따라서 지식재산권을 통한 금융거래 및 자금조달이 활성화되기 위해서는 지식재산권에 대한 담보 대출과 유동화(증권화) 관련 문제(절차, 가치평가방식, 담보설정, 공시 등)를 하나의 법으로 해결할 수 있도록 단일화된 법제도를 마련할 필요가 있다고 본다.[16]

---

16) 고재종, "지식재산권을 기반으로 한 기업의 자금조달의 문제점 및 개선방안," 「지식과 권리」 통권 제21호(대한변리사회, 2018), 79쪽.

(2) 지식재산의 담보대출 및 보증제도의 개선

벤처기업이나 중소기업 등이 지식재산을 통한 담보대출이나 보증제도를 이용하고자 하여도 절차가 번거롭고 금융기관의 입장에서도 익숙치 않은 제도여서 이 제도의 이용에 매우 소극적이다. 따라서 이러한 제도가 활성화되기 위해서는 이 제도를 쉽고 간편하게 이용할 수 있도록 컨설팅 제도가 필요하다고 본다. 나아가 벤처기업이나 중소기업에 관련 노하우를 적극 제공 및 홍보를 할 필요가 있다고 본다.17)

(3) 지식재산의 유동화 제도의 개선

자산을 유동화하고 그에 따라 증권이 발행되었을 때에는 다양한 문제가 발생될 수 있는데, 그 과정에서 자산과 증권과의 관계가 문제될 수 있다. 이는 담보권 설정과 증권과의 관련성, 담보권의 설정과 관련된 진정 매매성 내지 진정 양도성의 문제, 도산의 경우에 있어서도 설정된 담보와 대출금 채권과의 관련성 등의 문제가 제기될 수 있다. 따라서 담보권설정 시 담보설정계약의 성질, 유동화 증권의 발행 시 담보와 증권의 관련성, 담보와 대출금과의 관련성 등에 대하여 명확한 규정을 둘 필요가 있다18)

(4) 지식재산의 가치평가제도의 개선

기존에 지식재산의 금융거래 및 자금조달제도가 활성화되지 못한 이유가 지식재산의 가치산정이 곤란하고, 기존의 가치평가기관에서 산정한 지식재산에 대한 가치평가액을 신뢰할 수 없으며, 관

---

17) 고재종, 위의 글, 80-82쪽.
18) 고재종, 위의 글, 82-84쪽.

련 시장이 협소하기 때문이라고 한다. 따라서 은행 등이 신뢰할 수 있는 공적 기관에 의한 공정하고 객관적으로 가치를 평가할 수 있는 평가제도의 마련과 투명한 공시 시스템 제도가 마련되어야 할 것이다. 또한 지식재산의 거래시장도 성숙되어야 한다. 우리나라는 2000년초 "한국기술거래소(KTTC)를 개소하였지만, 당시에는 공급자만 있고 금융기관 등의 무관심으로 수요자가 제대로 형성되지 못한 미성숙한 거래시장에 불과하였다. 이후 2009년 산업기술진흥원에 통폐합됨으로써 사실상 거래소의 기능이 사라졌다. 따라서 관련 시장을 다시 구축할 필요가 있다. 최근 들어 특허청은 2025년까지 민간과 공공이 함께 하는 민·관 협력형 지식재산 거래 플랫폼 사업을 추진한다고 밝혔다.[19]

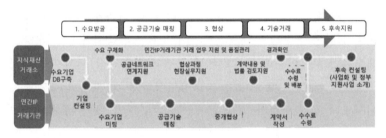

| 출처 | https://www.fnnews.com/news/20200604100219715s.

(5) 제도 개선 시 단계적이고 신중한 접근

마지막으로 제도 개선은 단계적이고 신중하게 접근하여야 한다. 급변하는 글로벌 경제 속에서 미국, 일본, 중국 등이 앞다투어 지식재산을 통한 금융거래 및 자금조달의 문제에 관심을 기울이고 이를 도입하려고 하고 있지만, 우리나라도 이에 맞추어 서둘러서 시행할 필요는 없다고 본다. 이러한 점에서 로마의 경구인 "Festina

---

19) 김원준, "지식재산 거래시장 활성화, 민관이 함께 나선다," 파이낸셜 뉴스, 2020. 6. 4, https://www.fnnews.com/news/20200604100219715s.

lente(Make haste slowly)!20)"를 다시 한 번 생각해 본다. 즉, 우리 경제가 한 단계 더 도약하기 위해서는 지식재산 금융 생태계의 형성을 실기하지 않도록 서둘러야 하지만(Festina), 이러한 노력은 지식재산 금융 제도를 도입할 때 신중하고 단계적으로 접근하여야 한다. 즉, 시장성을 지향하면서 시장참여자의 역량 축적과 시장구조의 성숙도를 고려하여 신중하고 단계적으로 접근할 필요가 있다(lente)고 본다.21)

---

20) 'Festina lente'라는 말은 '서둘러라'를 의미하는 'festina'와 '천천히'를 의미하는 'lente'의 합성어다. 서두르다 보면 천천히 할 수 없고 천천히 하다보면 서두를 수 없다. 따라서 '천천히 서둘러라'는 말은 논리적 모순이지만, 서두르지만 전후좌우를 따져보면서 서두르라는 의미의 말이다(Wikipedia, 〈https://en.wikipedia.org/wiki/Festina_lente).

21) 고재종, 앞의 글, 84쪽.

제**2**장

금융거래 및 자금조달의
대상으로서 지식재산

제1절
서 설

위에서 언급한 바와 같이 벤처기업이나 중소기업은 자신들의 기술혁신 내지 경영난을 극복하기 위하여 금융거래 및 자금조달의 수단으로 지식재산의 이용을 적극 지원해 달라고 정부 및 금융기관에 지속적으로 요청하였다. 이러한 요청을 받아들여 정부 및 금융기관은 지식재산을 이용하여 금융거래 및 자금조달이 원활하게 이루어질 수 있도록 지속적이고 적극적인 노력을 기울이고 있다. 그렇다면 금융거래 및 자금조달의 수단이 되는 지식재산이란 어떤 것이 있는지 그 대상 범위를 먼저 파악할 필요가 있다.

통상 지식재산은 법령 또는 조약 등에 따라 인정되거나 보호되는데, 그 대상은 인간이 새롭게 만든 창작물이어야 한다.[1] 하지만, 지식재산의 개념은 고정불변의 것이 아니다. 따라서 그 보호대상도 항상 고정되어 있는 것이 아닌 변경가능한 것이라고 할 수 있다. 즉, 과거에는 보호받지 못한 지식재산이었지만, 시간이 흘러 인식이 전환된 경우나 과학기술이 더 발전한 경우에는 그동안 보호받지 못하였던 지식재산이 보호받을 수 있게 될 수가 있다. 전자의 예로는 영업비밀(trade secrets)을, 후자의 예로는 반도체칩의 회로배치권을 들 수 있다.

또한 지식재산에 포함된 권리의 내용도 시간이 흘러감에 따라

---

[1] 컴퓨터프로그램보호위원회, 「산업재산권 확보를 통한 기업가치 창조」(신광종합인쇄, 2007. 10), 5쪽.

점차적으로 그 범위가 확대되는 경우가 있을 수도 있다. 예를 들면, 과거 저작권(copyright)이라 함은 카피할 권리(right of copy), 즉 복제권만을 의미하였으나 현재에는 과학기술의 발전 등으로 인하여 방송권, 전송권뿐만 아니라 대여권까지 포함되는 넓은 개념으로 그 범위가 확대되었다.[2] 일반적으로 인정되는 지식재산권의 보호 대상을 도표로 표시하면 아래와 같다.[3]

| 출처 | http://www.samili.com/mImage/etc/organ/2012/smb/intellectual-2-1-1.pdf.

---

2) https://blog.naver.com/subsky21/134400368.
3) https://www.gjue.ac.kr/gjue/sanhak/sub03_01.do.

제2절

산업재산권

1. 개 념

산업재산권이란 인간의 정신적 창작의 결과물로서 널리 산업에 이용되는 무형의 재화에 대하여 별도의 재산권으로 보호하는 지식재산권의 한 유형을 말한다.[4] 즉, 새로운 발명·고안에 대하여 그 창작자에게 일정 기간 동안 독점·배타적인 권리를 부여하는 대신에 이를 일반에게 공개하여야 하며 일정한 존속기간이 지나면 누구나 이용·실시하도록 함으로써 기술진보와 산업발전을 추구한다.[5]

기업이 사업을 영위한다고 하면 궁극적으로 상품의 판매와 서비스의 제공이라고 할 수 있다. 때문에 대기업은 전문적이고 체계화된 산업재산권 관리 부서를 두고, 영업전략 수립의 초기 단계부터 산업재산권에 관한 전략을 수립함으로써 사업 진행 시에 산업재산권과 관련된 분쟁 등의 문제 발생을 사전에 차단하려고 노력하고 있다. 반면 벤처기업이나 중소기업 또는 개인사업자의 경우는 대기업과 달리 전문적인 부서를 둘 형편이 못 되어, 산업재산권과 관련한 분쟁을 사전에 차단하지 못하여 많은 문제가 발생하고 있다. 따라서 벤처기업 등은 산업재산권에 대한 관리를 할 필요가 있으

---

4) http://www.leeleepat.com/faq/faq_11_03.htm.

5) https://www.gjue.ac.kr/gjue/sanhak/sub03_01.do.

며, 그 방법은 단순히 산업재산권의 유지보다는 개발의 초기부터 연구 방향을 설정하여야 하고, 성과물에 대해서는 그 특성에 따라 산업재산권으로 보호할 것인가 아니면 노하우로 보호할 것인가를 기업의 영업전략하에서 결정하고 관리하여야 할 것이다. 이러한 산업재산권은 새로운 기술적 사상(대발명)을 보호하는 특허권, 실용적인 개량기술(소발명)을 보호하는 실용신안권, 물품의 형상에 대한 새로운 디자인을 보호하는 디자인권, 다른 상품과 식별할 수 있는 기호·문자·도형 등을 보호하는 상표권으로 구분할 수 있다.6)

종류	정의	출원대상	존속기간
특허	자연법칙을 이용한 기술적 사상의 창작으로서 발명의 수준이 고도한 것	물건, 방법	20년(등록일로부터 출원일 후)
실용신안	자연법칙을 이용한 기술적 사상의 창작으로서 물품의 형상, 구조, 조합에 관한 실용성 있는 고안	물건	10년(등록일로부터 출원일 후)
디자인	물품의 형상, 모양, 색채 또는 이들을 결합한 것으로서 시각을 통하여 미감을 일으키게 하는 것	물품	20년(등록일로부터 출원일 후)
상표	자기의 상품(지리적 표시가 사용되는 상품의 경우를 제외하고는 서비스 또는 서비스의 제공에 관련된 물건을 포함)과 타인의 상품을 식별하기 위하여 사용하는 표장	표장	10년(등록일로부터), 반영구적(갱신 등록 시)

| 출처 | https://www.pcc.or.kr/pcc/003/04_data_01.php.

---

6) https://www.pcc.or.kr/pcc/003/04_data_01.php.

2. 특허권

(1) 개 념

특허(特許, patent)란 발명[7]을 한 자 또는 그의 정당한 승계인에 대하여 자신의 발명을 대중에게 공개한 대가로 일정 기간 배타적인 권리를 인정해 주는 행정행위를 말한다. 이러한 특허는 발명을 보호·장려하고 국가 산업의 발전을 도모하기 위하여 '기술공개의 대가로 특허권을 부여'를 구체적인 수단으로 사용한다(특허법 제1조).[8] 다만, ① 자연법칙 자체(이미 자연계에 존재하는 법칙으로 열역학의 법칙, 에너지 보존의 법칙 등 자연법칙 자체는 발명에 해당되지 않는다), ② 추상적인 아이디어(목적달성을 위한 구체적인 기술 수단이 결여된 발명), ③ 문학·연극·음악·예술적 창작 등(저작권법의 보호대상), ④ 인체를 대상으로 하는 수술·치료·진단 방법(단순한 정보제공을 위한 데이터 베이스), ⑤ 인간의 정신활동을 이용하는 사업전략 등 영업 방법, ⑥ 실시가 불가능한 발명이거나 반복 실시를 할 수 없는 미완성 발명, ⑦ 공공질서 또는 선량한 풍속을 문란하게 하거나 공중의 위생을 해할 염려가 있는 발명(지폐위조기, 도박에 필요한 기구, 아편흡입 기구 등에 관한 발명) 등은 특허를 받을 수 없다.[9]

● Patent의 어원

14세기 영국에서 국왕이 특허권을 부여할 때, 다른 사람이 볼 수

---

7) 발명이란 자연법칙을 이용한 기술적인 사상의 창작으로서 고도의 것을 말한다(특허법 제2조). 이러한 발명에 대해 특허를 받기 위해서는 산업상 이용가능성, 신규성, 진보성 및 선원주의의 요건을 만족하여야 한다[컴퓨터프로그램보호위원회, 앞의 책, 11-19쪽].

8) https://www.kipo.go.kr/kpo/HtmlApp?c=10001&catmenu=m06_01_01.

9) https://kiyul.co.kr/archives/14152.

있도록 개봉된 상태로 수여되었으므로 특허 증서를 개봉된 문서, 즉 Letters Patent라 하였으며 그 후 'Open'이라는 뜻을 가진 Patent가 특허권이라는 뜻으로 사용되게 되었다.

- **● 최초의 특허법(1474년)**

르네상스 이후, 북부 이탈리아 베니스에서 모직물 공업의 발전을 위하여 법 제정을 통해 제도적으로 발명을 보호하고자 함 → 갈릴레오의 양수, 관개용 기계에 대한 특허(1594년)

- **● 현대적 특허법의 모태**

영국의 전매조례(Statute of Monopolies : 1624~1852): 선발명주의, 독점권(14년), 공익위배 대상 특허 불인정 → 산업혁명의 근원이 되는 방적기, 증기기관 등이 탄생

| 출처 | http://www.kipo.go.kr/kpo/user.tdf?a=user.html.HtmlApp&c=10001&catmenu=m04_01_01.

- **● 우리나라 특허제도의 연혁**

    - 1908년: 한국 특허령 공포
    - 1946년: 특허권 창립 및 특허권 제정
    - 1961년: 특허법을 산업재산권 4법으로 분리
    - 1977년: 특허청 개청
    - 1979년: 세계지식재산권기구(WIPO) 가입
    - 1980년: 파리협약(Paris Convention) 가입
    - 1984년: 특허협력조약(Patent Cooperation Treaty) 가입

| 출처 | https://www.kipo.go.kr/kpo/HtmlApp?c=10001&catmenu=m06_01_0.

(2) 특허권의 효력

1) 효력이 미치는 범위

특허권의 효력이 미치는 범위에 대해서는 지역적 범위, 기간적 범위, 내용적 범위가 있다. 먼저 지역적 범위로는 국내에만 그 효력이 미치는 경우를 말하며, 기간적 범위는 특허권의 효력이 그 존속기간 중에만 미치는 경우, 내용적 범위는 특허의 청구 범위에 기재된 발명에 한하고, 특허법에 규정된 실시 양태에 대해서만 효력이 인정되는 경우를 말한다.10)

2) 적극적 효력

특허권의 적극적 효력이란 독점성에 따른 효력으로 특허권자만이 특허 발명을 업으로서 실시할 수 있는 권리를 말한다(특허법 제94조). 여기서 '업'이라는 의미는 영리뿐만 아니라 비영리를 목적으로 하는 경우를 포함한다. 경우에 따라서는 '사업적'이라는 의미로 사용된다.11)

다음으로 '실시(license)'란 발명이 물건에 관한 것일 경우에는 그 물건을 생산·사용·양도·대여 또는 수입하거나 물건의 양도 또는 대여의 청약(양도 또는 대여를 위한 전시를 포함)12)을 하는 행위를 의미하며, 발명이 방법에 관한 것일 경우에는 그 방법을 사용하는 행위를, 발명이 물건을 생산하는 방법에 관한 것일 경우에는 그 방법을 사용하는 행위와 그 방법으로 생산한 물건을 사용·양도·대여 또는 수입하거나 그 물건의 양도 또는 대여의 청약을 하는 행위

---

10) https://www.itfind.or.kr/trend/patent/lecture/content_08.do.

11) https://www.itfind.or.kr/trend/patent/lecture/content_08.do.

12) 여기서 청약이란 특허 물건을 양도 또는 대여하기 위하여 제3자와의 계약을 성립시킬 목적으로 하는 의사표시를 말하며, 구체적으로는 카탈로그에 의한 권유, 팸플릿 배포, 광고 등에 의하여 특허 물건의 판매를 유도하는 행위를 말한다[손승우, 「지식재산권법의 이해」(동방문화사, 2019), 239쪽].

를 말한다.[13)

　실시의 형태로는 생산, 사용, 양도·대여, 수입, 양도 또는 대여의 청약을 들 수 있다. 생산이란 물건을 만들어 내는 행위로 제조보다는 넓은 개념이며, 사용이란 발명의 본래 목적을 달성하거나 효과를 나타내도록 그 물건을 사용하는 것을, 양도란 특허된 물건을 타인에게 이전시키는 것으로 무상인 경우는 증여, 유상인 경우는 판매를, 대여란 특허된 물건을 타인에게 빌려주는 것으로 유상·무상을 불문하나 보관만을 목적으로 하는 기탁은 제외된다. 또한 수입이란 특정된 물건을 국내에서 사용·양도·대여하거나 양도 또는 대여의 청약을 할 목적으로 외국에서 수입하는 것을 말하며, 양도 또는 대여의 청약은 특허된 물건의 양도나 대여하기로 제3자와 약속하는 것으로 양도 또는 대여를 유도하는 행위(카다로그 등의 제작·배포)를 의미하며, 양도 또는 대여를 위하여 전시하는 경우까지 포함한다. 다만, 소지, 수리·개조의 경우는 문제가 될 수 있는데, 단순한 소지는 특허법상 실시는 아니나 특허된 물건을 타인에게 판매·대여하기 위한 소지는 실시로 간주될 개연성이 높다. 또한 수리·개조 역시 특허법상 실시는 아니나 수리의 정도나 개조의 상태에 따라 특허권 침해로 간주될 개연성이 높다고 한다.[14)

● **실시권의 종류[15)**

　실시권의 종류는 전용실시권(exclusive license)과 통상실시권(non-exclusive license), 법률의 규정에 따른 법정실시권과 공공의 이익을 위하여 특허 발명의 실시를 타인에게 강제적으로 허락하는 강제실시권(Compulsory licensing)이 있다.

---

13) https://www.itfind.or.kr/trend/patent/lecture/content_08.do.
14) 위의 사이트.
15) 손승우, 「지식재산권법의 이해」(동방문화사, 2019), 240-242쪽.

(1) 전용실시권

전용실시권이란 특허권자가 그 특허 발명에 대하여 기간·장소 및 내용의 제한에 따라 다른 사람에게 독점적으로 실시를 허락할 수 있는 권리를 말한다. 이러한 권리는 특허권자와 실시권자의 설정계약으로 발생하지만, 계약 자체만으로 효력이 발생하지 않고 이를 특허청 등록원부에 설정등록을 해야 그 효력이 발생한다. 즉, 전용실시권의 효력발생요건은 등록이라고 하겠다. 등록이 되지 않는 발명은 독점적 통상실시권은 인정되나 전용실시권은 인정되지 않는다. 이를 침해하는 경우에는 그 침해의 금지 또는 예방을 청구하거나 그에 대한 손해배상을 청구할 수 있다

(2) 통상실시권

통상실시권은 전용실시권의 상대적 개념으로, 타인의 특허 발명을 일정 조건하에 업으로 실시할 수 있는 권리를 말한다. 이 권리는 특허권자와 전용실시권자 사이의 계약 내지 법률이나 행정처분에 의하여 발생하며, 통상실시권을 등록하면 특허권 또는 전용실시권을 취득한 자에 대하여 효력이 발생한다. 다만, 통상실시권은 독점적 권리가 아닌 채권적 성질의 권리이므로 권리침해가 있는 경우 통상실시권을 취득한 자 스스로 구제조치를 취할 수 없으며 특허권자 또는 전용실시권자를 통해 간접적으로만 구제조치를 취할 수 있다.

구분	전용실시권	통상실시권
성질	용익물권적 권리	채권적 권리
독점배타성 유무	유	무
범위의 확정	의사표시 및 설정등록	의사표시
발생	설정등록일	허락일
효력발생요건 또는 제3자 대항요건의 구비	설정등록일 (등록이 효력발생 요건, 다만 상표권은 등록이 제3자 대항요건)	설정등록일
법정실시권 유무	무	유
금지청구권 유무	유	무
손해배상청구권 유무	유	무
신용회복 조치 유무	유	무
이전(상속/일반승계 제외), 변경소멸(혼동/본권의 소멸 제외) 또는 처분의 제한	등록이 효력발생요건	등록이 제3자 대항요건
질권의 설정이전(상속 일반승계 제외), 변경 소멸(혼동 또는 담보하는 채권의 소멸에 의한 것 제외) 또는 처분의 제한	등록이 효력발생요건 (다만 상표권은 등록이 제3자 대항요건)	등록이 제3자 대항요건
재실시권의 허락(특허법상)	유	무

(3) 법정실시권

법정실시권은 특허권자 또는 전용실시권자의 의사와 관계없이 특허법의 규정에 따라 당연히 발생하는 통상실시권을 말한다. 그 대상은 선사용자의 통상실시권(특허법 제103조), 특허 또는 실용신안등록에 대한 무효심판청구 등록 이전의 권리자의 실시에 의한 통상실시권(같은 법 제104조), 다지인권의 존속기간이 만료된 뒤의 통상실시권(같은 법 제105조), 직무발명에 의한 통상실시권(발명진흥법 제10조 제1항) 등이다. 법정실시권자는 법률의 규정으로 정해진 범위 안에서 업으로 그 특허 발명을 실시할 수 있는 권리를 가진다.

(4) 강제실시권

특허권은 독점·배타적 권리임에도 불구하고 공공의 이익을 위하여 필수불가결한 경우에 특허권자의 의사와 관계없이 정부가 국가기관의 승인을 받은 제3자로 하여금 특허 발명을 실시하도록 할 수 있는데, 이를 강제실시권이라고 한다. 우리나라의 특허법은 특허 발명을 실시하고자 하는 자는 일정한 경우 특허권자 또는 전용실시권자가 통상실시권의 허락과 관련하여 합리적인 조건으로 협의를 하도록 하였다. 만약 협의가 이루어지지 않거나 또는 협의를 할 수 없는 경우에는 특허청장에게 통상실시권 설정에 관한 재정을 청구할 수 있도록 함으로써 강제실시권을 인정하고 있다(특허법 제107조 제1항). 다만, 아직까지 강제실시가 허용되는 경우는 단 1건도 없다. 반면 미국의 경우는 명시적인 규정이 없음에도 불구하고 허용된 건수가 100건 이상으로 나타났다.

3) 소극적 효력(직접 침해)

소극적 효력이란 배타성에 기인한 효력으로, 전용실시권자 이외의 정당한 권원이 없는 제3자가 특허 발명의 보호범위에 속하는 발명을 업으로 실시하면 이를 침해로 보고 배제할 수 있는 권리를 말한다. 이 경우 특허권자는 침해자를 상대로 침해금지청구권, 손해배상청구권, 신용회복청구권, 부당이득반환청구권을 행사하는 등의 민·형사상의 조치를 취할 수 있다.

● 구성요건 완비의 원칙

구성요건 완비의 원칙(All elements Rule)이란 특허권의 범위는 청구항의 모든 구성요건이 유기적으로 결합된 기술적 사상이므로 청구항에 기재된 필수적 구성요건을 모두 갖추어 실시하는 경우에만 침해를 구성한다는 원칙이다. 만약 필수적 구성요건 중의 일부만을 갖추고 있고 나머지가 결여된 경우에는 원칙적으로 그 발명은 등록발명의 권리 범위에 속하지 아니한다. 그리고 일부 구성요건의 중요성이 떨어진다는 등의 이유로 필수 구성요건이 아니라고 주장할 수도 없다.[16]

● 균등론

균등론(Doctrine of equivalence)이란 특허권 침해의 혐의가 있는 물건이 특허 청구항에 기재된 구성요소와 완전히 일치하지는 않지만, 그 물건이 특허권을 실시한 물건의 단순한 변형이거나 특허권의 실시 문건으로부터 용이하게 치환할 수 있다면 그 물건은 특허권의 침해한 것으로 보자는 이론이다. 균등 여부에 대한 판단은 '기능-방법-결과(function-way-result) 3단계 테스트'가 가장 많이 알려져 있다. 즉, 어떤 발명의 구성요소가 다른 특허 청구항의 구성요소와 실질적으로 동일한 결과(substantially the same result)를 얻기 위해 실질적으로 동일한 기능(substantially the same function)으로 수행되었다면 특허 침해로 보자는 것이다. 이러한 균등론을 적용함에는 침해자의 특허 도용 의도(intent)의 증명을 요구하지 않으므로 침해자의 의도 여부에 관계 없이 적용할 수 있다. 그리고 균등론의 판단 시점은 침해가 발생한 때를 기준으로 한다.[17] 예전에 대법원 판례는 엄격한 주변한정주의를 취하였지만, 최근에는 균등론의 입장을 명확히 취하는 판례가 나타나고 있다(대판 2014. 7. 24, 선고 2013다14361 판결).

---

16) 손승우, 위의 책, 244쪽.
17) 손승우, 위의 책, 244-246쪽.

● 출원경과 금반언의 원칙

균등론은 '출원경과 금반언의 원칙(File Wrapper Estoppel/ Prosecution History Estoppel)'으로 제한된다. 즉, 출원 과정에서 특허 청구항 중 권리 범위가 넓어 선행기술과 중복되는 청구항으로 인하여 거절로 결정되는 경우 출원인은 해당 청구항의 내용을 축소하여 보정하는 경우가 많다. 이 경우 심사과정에서 거절사유를 해결하기 위하여 청구범위를 축소하여 해석하여야 한다고 주장하여 특허를 받은 경우 이후 청구범위 해석에 있어서는 출원 중에 포기한 보호범위를 균등론과 같이 넓게 해석하는 것은 허용되지 않는다고 한다(대판 2003. 12. 12, 선고 2002후2181판결).

4) 침해로 보는 행위(간접침해)

타인의 실시행위가 특허 발명 그 자체의 실시에는 해당하지 않으나, 그 행위를 방치한다면 향후 특허 발명을 실시하게 될 우려가 있게 되는데, 이러한 행위는 특허권을 침해한 것으로 본다. 위의 직접침해 외에 다음의 행위 중 하나를 특허권자 또는 전용실시권자의 허락 없이 업으로 하는 경우는 특허권 또는 전용실시권을 간접적으로 침해한 것으로 본다(특허법 제127조). 다음의 행위란 ① 특허가 물건의 발명인 경우, 그 물건의 생산에만 사용하는 물건을 생산·양도·대여 또는 수입하거나 그 물건의 양도 또는 대여의 청약을 하는 행위, ② 특허가 방법의 발명인 경우, 그 방법의 실시에만 사용하는 물건을 생산·양도·대여 또는 수입하거나 그 물건의 양도 또는 대여의 청약을 하는 행위[18]를 말한다(같은 법 제127조 제1호·제2호). 예를 들면, 선풍기 관련 특허가 프로펠러, 모터, 프로펠러 보호 케이스 등을 구성요소로 하는 경우 제3자가 이를 특허 선

---

18) 여기에서 '그 물건의 양도 또는 대여의 청약'은 정보통신망을 통한 전송을 포함하지 않으므로 온라인을 통해 불법 프로그램을 전송하더라도 침해를 구성하지 않는다.

풍기에만 사용할 수 있는 모터를 생산하였다면 간접침해가 되는 것이다. 이러한 행위는 직접 침해에 해당되지 않지만, 그대로 방치해 둘 경우 침해가 발생될 우려가 있으므로 규제하는 것이다.[19]

5) 효력의 제한

특허권의 효력이 제한받는 경우로는 공익적 · 산업정책적 이유에 의한 제한(효력이 미치지 않는 경우),[20] 각종 실시권 존재에 따른 특허권자의 독점권의 일정 정도의 제한, 이용 · 저촉관계에 의한 제한,[21] 특허권의 공유로 인한 제한,[22] 질권 설정에 의하여 특허 발명의 사용 및 수익에 대한 제한이 있다.[23]

(3) 특허권의 존속기간

1) 개 념

특허권의 존속기간이란 특허권자가 특허 발명을 독점적으로 실시할 수 있는 기간을 말한다. 구체적인 존속기간은 특허출원일로

---

19) 손승우, 앞의 책, 248쪽.

20) 이러한 제한으로는 ① 연구 또는 시험을 하기 위한 특허 발명의 실시, ② 국내를 통과하는 데 불과한 선박 · 항공기 · 차량 또는 이에 사용되는 기계 · 기구 · 장치 기타의 물건, ③ 특허출원 당시부터 국내에 있었던 물건, ④ 약사법에 의한 조제행위와 그 조제에 의한 의약을 들 수 있다(특허법 제96조).

21) 특허 발명이 선출원된 타인의 특허 발명 · 등록실용신안 또는 등록디자인을 이용하거나, 디자인권과 저촉되는 경우에는 특허권자 · 실용신안권자 또는 디자인권자의 동의를 얻거나 통상실시권 허여 심판에 의하지 아니하고는 자기의 발명을 업으로서 실시할 수 없다(https://www.itfind.or.kr/trend/ patent/lecture/content_08.do).

22) 특허권이 공유인 경우에 각 공유자는 타 공유자의 동의를 얻지 아니하면 지분 양도, 질권 설정, 전용실시권 설정, 통상실시권 허락 등을 할 수 없다(https://www.itfind.or.kr/trend/patent/lecture/content_08.do).

23) https://www.itfind.or.kr/trend/patent/lecture/content_08.do.

부터 20년이 되는 날까지이다. 다만, 특허에 대한 권리는 특허권의 설정등록이 있는 날부터 발생한다. 무권리자에 대한 정당 권리자의 존속기간은 무권리자가 행한 출원일로부터 20년의 경과로 종료한다. 특허사정 등본 송달 전에 한 보정이 요지를 변경하는 것으로 특허권 설정등록 후에 인정된 특허권의 존속기간은 원특허 출원일로부터 20년의 경과로 종료한다.[24]

물론 이러한 존속기간은 경우에 따라서 연장할 수 있다. 즉, 의약품 발명과 같이 그 상품화에 안전성 시험 등에 관한 자료를 구비하여 행정청의 허가를 받아야 하는 경우 오랜 기간이 소요되어 사실상 특허권의 존속기간이 상대적으로 단축되는 불이익을 입게 되는 경우에 일정한 요건 하에 일정한 기간의 범위 내에서 존속기간을 연장시킬 수 있다. 이를 존속기간의 연장이라고 한다.[25] 즉, 특허권이 설정등록된 발명을 실시하기 위해서는 다른 법령에 의한 허가 등을 받아야 하고 그 허가 등을 위하여 필요한 활성, 안전성 등의 시험으로 인하여 상당 기간 실시를 할 수 없었던 경우에는 존속기간 연장등록 출원을 하여 5년의 기간 범위 내에서 존속기간을 연장할 수 있다(특허법 제89조). 그 대상 발명은 ① 「약사법」 제31조 제2항·제3항 또는 제42조 제1항에 따라 품목허가를 받아야 하는 의약품 발명, ② 「농약관리법」 제8조 제1항, 제16조 제1항 또는 제17조 제1항의 규정에 따라 등록을 받아야 하는 농약 또는 원제의 발명에 한하고 있다(특허법 시행령 제7조). 나아가, 2011년 개정된 특허법에서는 특허청의 심사 지연 등 불합리한 지연으로 인해 특허 존속기간이 실질적으로 감축될 경우 이에 대한 보상 차원에서 불합리한 지연기간만큼 특허권의 존속기간을 연장하도록 정하고 있다. 즉, 특허권의 설정등록이 특허출원에 대하여 특허출원일부터 4

---

24) 위의 사이트.
25) 정상조·박준석, 「지식재산권법」(홍문사, 2019), 145쪽.

년 또는 출원 심사의 청구일부터 3년 중 늦은 날보다 지연되어 이루어진 경우에는 지연 기간만큼 해당 특허권의 존속기간을 연장하도록 하고 있다(같은 법 제92조의 2).

2) 연장등록출원의 심사

연장등록출원에 대하여 특허법에서 정한 거절 사유가 존재하지 않는 경우에는 연장등록사정을 하고, 거절사유에 존재하는 경우에는 그에 대한 거절 이유를 통지하여야 한다. 이때 의견서 제출 기회를 보장하여야 하며, 그럼에도 불구하고 그 사유가 해소되지 않았을 때에는 거절사정을 한다. 특허권 존속기간 연장등록 출원 심사 흐름도는 다음과 같다.

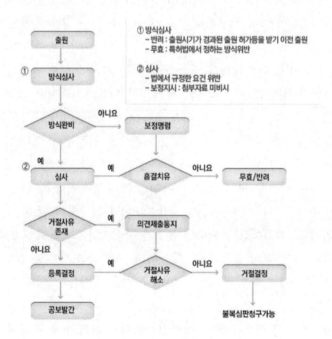

| 출처 | https://www.kipo.go.kr/kpo/HtmlApp?c=8044&catmenu=m11_02_06.

(4) 특허권 침해의 구제

1) 민사적 구제

특허권자는 침해자 또는 침해할 우려가 있는 자에 대하여 그 침해의 금지 또는 예방을 청구할 수 있다(특허법 제126조 제1항). 또한 특허권자가 침해금지 또는 예방을 청구할 때에는 침해행위를 조성한 물건(물건을 생산하는 방법의 발명인 경우에는 침해 행위로 생긴 물건을 포함)의 폐기, 침해행위에 제공된 설비의 제거, 그 밖에 침해의 예방에 필요한 행위를 청구할 수 있다(같은 조 제2항). 나아가 특허권 또는 전용실시권 침해소송에서 특허권자 또는 전용실시권자가 주장하는 침해행위의 구체적 행위태양을 부인하는 당사자는 자기의 구체적 행위태양을 제시하여야 한다(같은 법 제126조의2 제1항). 다만, 자기의 구체적 행위태양을 제시할 수 없는 정당한 이유가 있다고 주장하는 경우에는 법원은 그 주장의 당부를 판단하기 위하여 그 당사자에게 자료의 제출을 명할 수 있다(같은 조 제2항). 만약 당사자가 정당한 이유 없이 자기의 구체적 행위태양을 제시하지 않는 경우에는 법원은 특허권자 또는 전용실시권자가 주장하는 침해행위의 구체적 행위태양을 진실한 것으로 인정할 수 있다(같은 조 제4항). 나아가 ① 특허가 물건의 발명인 경우: 그 물건의 생산에만 사용하는 물건을 생산·양도·대여 또는 수입하거나 그 물건의 양도 또는 대여의 청약을 하는 행위, ② 특허가 방법의 발명인 경우: 그 방법의 실시에만 사용하는 물건을 생산·양도·대여 또는 수입하거나 그 물건의 양도 또는 대여의 청약을 하는 행위를 업으로서 하는 경우에는 특허권 또는 전용실시권을 침해한 것으로 본다(제127조).

다음으로 특허권자 또는 전용실시권자는 고의 또는 과실로 자기의 특허권 또는 전용실시권을 침해한 자에 대하여 침해로 인하여 입은 손해의 배상을 청구할 수 있는 권리를 인정하고 있다(제128조

제1항). 위의 손해배상을 청구하는 경우 그 권리를 침해한 자가 그 침해행위를 하게 한 물건을 양도하였을 때에는 다음 각 호에 해당하는 금액의 합계액을 특허권자 또는 전용실시권자가 입은 손해액으로 할 수 있다(같은 조 제2항).

● **손해액의 산정 방법(특허법 제128조 제2항)**

1. 그 물건의 양도수량(특허권자 또는 전용실시권자가 그 침해행위 외의 사유로 판매할 수 없었던 사정이 있는 경우에는 그 침해행위 외의 사유로 판매할 수 없었던 수량을 뺀 수량) 중 특허권자 또는 전용실권자가 생산할 수 있었던 물건의 수량에서 실제 판매한 물건의 수량을 뺀 수량을 넘지 않는 수량에 특허권자 또는 전용실시권자가 그 침해행위가 없었다면 판매할 수 있었던 물건의 단위수량당 이익액을 곱한 금액

2. 그 물건의 양도수량 중 특허권자 또는 전용실시권자가 생산할 수 있었던 물건의 수량에서 실제 판매한 물건의 수량을 뺀 수량을 넘는 수량 또는 그 침해행위 외의 사유로 판매할 수 없었던 수량이 있는 경우 이들 수량(특허권자 또는 전용실시권자가 그 특허권자의 특허권에 대한 전용실시권의 설정, 통상실시권의 허락 또는 그 전용실시권자의 전용실시권에 대한 통상실시권의 허락을 할 수 있었다고 인정되지 않는 경우에는 해당 수량을 뺀 수량)에 대해서는 특허 발명의 실시에 대하여 합리적으로 받을 수 있는 금액

나아가 위 제1항에 따라 손해배상을 청구하는 경우 특허권 또는 전용실시권을 침해한 자가 그 침해행위로 인하여 얻은 이익액을 특허권자 또는 전용실시권자가 입은 손해액으로 추정하며(같은 조 제4항), 그 특허 발명의 실시에 대하여는 합리적으로 받을 수 있는 금액을 특허권자 또는 전용실시권자가 입은 손해액으로 하여 손해배상을 청구할 수 있다(같은 조 제5항). 만약 앞의 제5항에도 불구하고 손해액이 같은 항에 따른 금액을 초과하는 경우에는 그 초과액

에 대해서도 손해배상을 청구할 수 있다. 이 경우 특허권 또는 전용
실시권을 침해한 자에게 고의 또는 중대한 과실이 없을 때에는 법
원은 손해배상액을 산정할 때 그 사실을 고려할 수 있다(같은 조 제6
항). 이 외에도 법원은 특허권 또는 전용실시권의 침해에 관한 소송
에서 손해가 발생된 것은 인정되나 그 손해액을 증명하기 위하여
필요한 사실을 증명하는 것이 해당 사실의 성질상 극히 곤란한 경
우에는 위의 제2항부터 제6항까지의 규정에도 불구하고 변론 전체
의 취지와 증거조사의 결과에 기초하여 상당한 손해액을 인정할
수 있다(같은 조 제7항). 다만, 법원은 타인의 특허권 또는 전용실시
권을 침해한 행위가 고의적인 것으로 인정되는 경우에는 제1항에
도 불구하고 제2항부터 제7항까지의 규정에 따라 손해로 인정된
금액의 3배를 넘지 아니하는 범위에서 배상액을 정할 수 있다(같은
조 제8항). 제8항에 따른 배상액을 판단할 때에는 다음의 사항을 고
려하여야 한다(같은 조 제9항).

● **손해액의 산정 방법(특허법 제128조 제9항)**

1. 침해행위를 한 자의 우월적 지위 여부
2. 고의 또는 손해 발생의 우려를 인식한 정도
3. 침해행위로 인하여 특허권자 및 전용실시권자가 입은 피해 규모
4. 침해행위로 인하여 침해한 자가 얻은 경제적 이익
5. 침해행위의 기간 · 횟수 등
6. 침해행위에 따른 벌금
7. 침해행위를 한 자의 재산상태
8. 침해행위를 한 자의 피해구제 노력의 정도

2) 형사적 구제

특허권 또는 전용실시권을 침해한 자는 7년 이하의 징역 또는 1
억 원 이하의 벌금에 처한다(특허법 제225조 제1항). 특허 침해죄는
친고죄이므로 특허권자 내지 전용실시권자의 고소가 있어야 한다.
또한 법인의 대표자나 종업원이 침해를 한 경우 그 행위자를 벌하
는 외에 그 법인에게 3억 원 이하의 벌금형을 과한다(같은 법 제230
조 제1호). 또한 거짓이나 그 밖의 부정한 행위로 특허, 특허권의 존
속기간의 연장등록 또는 심결을 받은 자는 3년 이하의 징역 또는 2
천만 원 이하의 벌금에 처한다(같은 법 제229조).

(5) 특허등록의 요건

특허등록의 요건 내지 특허 요건은 실체법적 요건과 절차법적
요건이 있다. 전자는 출원발명이 발명의 개념에 해당되고 산업상
이용가능한 것으로서 신규성과 진보성을 갖추어야 한다고 하는 것
을 의미하고, 후자는 출원서에 명세서를 첨부해야 하고 그 명세서
에는 발명의 상세한 설명이 기재되어야 하는 것을 의미한다. 이하
에서는 실체법적 요건을 살펴보고, 절차법적 요건은 후술한다.[26]

1) 산업상 이용가능성

'산업상 이용가능성'이란 해당 발명이 기술적으로 산업에 이용되
는 것, 즉 산업 과정에서 반복·계속적으로 이용되는 것을 말한다.
예컨대, 자연법칙 그 자체 또는 추상적인 아이디어는 반복·계속성
을 인정할 수 없어 산업상 이용가능성이 없지만, 채소재배, 인조진
주 양식, 식품저장의 방법 등에 관한 발명은 산업상 이용가능성이
있다고 한다.[27] 여기서 발명의 개념 또는 '자연법칙을 이용한 기술

---

26) 정상조·박준석, 위의 책, 82쪽.
27) 정상조·박준석, 위의 책, 82쪽.

적 사상의 창작'의 범위는 넓게 해석됨으로써 발명의 개념과 거의 동일하게 해석된다. 따라서 발명의 개념이 결국 산업상 이용가능성을 판단하는 중요한 요소가 된다고 할 수 있다. 나아가 산업이란 개념도 공업뿐만 아니라 농업, 광업, 임업, 수산업, 상업 등을 포함하는 광범위한 개념으로 파악되나,[28] 금융업·보험업 등은 포함되지 아니한다. 또한 의료업 중 진단방법·치료방법 등도 산업상 이용가능성이 없어 특허등록을 할 수 없다고 한다.[29]

2) 신규성

발명은 '신규성', 즉 공지·공용 또는 간행물게재, 혹은 전기통신회선으로 공중이 이용가능한 기술에 해당되지 않는 독창적이고 기술적인 사상을 말한다. 이러한 신규성은 산업발전이라는 특허제도의 목적과 불필요한 경쟁제한을 방지하기 위하여 마련된 특허등록 요건이라고 할 수 있다.

또한 신규성은 발명의 개념에도 그 의미가 내포되어 있다. 즉, 발명이란 '자연법칙을 이용한 기술적인 사상의 창작'으로 그 자체에 신규성이 내포되어 있다고 할 수 있다. 그렇다고 하여 특허 발명에서의 창작성과 동일한 개념이라고는 할 수 없다. 특허법상 '신규성'의 요건은 창작성을 갖춘 특허 발명 중에서 특허출원일을 기준으로 특허법이 규정한 선행기술과 대비하여 등록할 수 있는지의 여부를 판단하는 행정 편의적 도구로서의 개념으로 의미가 있는 것이다.[30]

신규성이 있는 경우로는 ① 특허받을 수 있는 권리자가 발명의 시험, 간행물에의 발표, 학술단체가 개최하는 연구집회에서 서면으

---

28) 정상조·박준석, 위의 책, 83쪽.
29) https://www.itfind.or.kr/trend/patent/lecture/content_02.do.
30) 정상조·박준석, 앞의 책, 84쪽.

로 발표하여 공지된 경우, ② 특허받을 수 있는 자의 의사에 반하여 공지된 경우, ③ 법 소정의 국내외 박람회에 출품한 경우 등을 들 수 있다.[31] 만약 '신규성'이 없는 발명에 대하여 특허를 부여하게 된다면 이는 우리 사회의 공유물인 기술적 사상에 대하여 특허출원인에게 배타적인 권리를 인정해 주는 것으로 그 기술과 관련된 기존의 경쟁질서에 제한을 하게 될 수 있다. 나아가 특허법에서는 신규성이 없는 발명에 대하여 규정하고 있다. 즉, 발명이 ① 특허출원 전에 국내외에서 공연히 알려진 것(공지기술), ② 특허출원 전에 국내외에서 공연히 실시된 것(공용기술), ③ 특허출원 전에 국내외에서 반포된 간행물에 게재된 것, ④ 대통령령이 정하는 전기통신회선을 통하여 공중이 이용가능하게 된 것일 때에는 신규성이 없다고 규정하고 있다(특허법 제29조 제1항).[32]

3) 진보성

진보성이란 산업상의 이용가능성·신규성과 더불어 특허등록 요건 중 하나이다. 우리 특허법에 의하면, "특허출원 전에 그 발명이 속하는 기술분야에서 통상의 지식을 가진 사람이 공지되었거나 공연히 실시된 발명 또는 간행물에 게재되었거나 전기통신회선을 통하여 공중이 이용할 수 발명에 의하여 쉽게 발명할 수 있으면 그 발명에 대해서는 특허를 받을 수 없다"고 하여 진보성에 대해 규정하고 있다(특허법 제29조 제2항).[33]

진보성을 특허등록 요건으로 한 취지는 공지기술 등에 비추어 자명하거나 용이한 발명까지 특허의 독점권을 부여할 경우 산업기술의 장려에 오히려 해가 될 수 있음을 우려한 것이다. 즉, 진보성

---

31) https://www.itfind.or.kr/trend/patent/lecture/content_02.do.

32) 정상조·박준석, 앞의 책, 84-85쪽.

33) 이는 미국에서 비자명성·비용이성(non-obviousness)와 유사한 개념이다.

의 요건도 신규성과 마찬가지로 과학기술의 발전을 통한 산업 및 경제의 발전을 도모하기 위하여 인정된 요건이기 때문이다.

진보성의 판단은 시기적, 주체적 및 실체적 기준에 의한다. 시기적 기준은 특허출원 시이며, 주체적 기준으로는 그 발명이 속하는 기술분야에서 통상의 지식을 가진 자[34]가 용이하게 발명할 수 있는지가 그 기준이 되며, 실체적 기준으로는 당해 출원 발명과 특허출원 전에 공지된 발명을 비교하는 기준에 의하게 된다. 진보성의 판단 요소로는 발명의 목적, 구성 및 효과의 3요소를 기초로 목적의 특이성, 구성의 곤란성, 효과의 현저성 유무 등을 고려하여 판단하게 된다. 그러나 실무에서는 발명의 실체인 구성의 곤란성을 공지된 발명을 기준으로 하여 판단하고 있다.[35] 다만, 우리나라는 특허법과 구별되는 별도의 실용신안법이 존재하므로 특허 발명의 진보성 판단기준을 외국의 기준과 반드시 일치시킬 필요는 없다.[36]

(6) 특허출원 절차

1) 선출원주의

㈎ 개 념

동일한 발명이 2 이상 출원되었을 때 어느 출원인에게 권리를 부여할 것인가를 결정하는 기준으로서 선출원주의와 선발명주의가 있으며, 우리나라는 선출원주의를 채택하고 있다.[37]

선출원주의란 발명을 한 시기에 관계 없이 동일한 발명에 대하여 특허청에 가장 먼저 출원한 발명에 대하여 특허권을 부여하는

---

34) 통상의 지식을 가진 자란 특허출원 발명이 속하는 기술 분야에서 보통 정도의 지식을 가진 자(평균적 수준의 전문가)를 말한다.

35) https://www.itfind.or.kr/trend/patent/lecture/content_02.do.

36) 대판 1984. 9. 11, 선고 83후63 판결.

37) https://www.kipo.go.kr/kpo/HtmlApp?c=10001&catmenu=m06_01_01.

주의를 말한다. 이러한 선출원주의는 발명과 실용신안(고안) 사이에서도 적용된다. 즉, 동일한 발명 또는 고안에 대해서 하나는 특허출원, 하나는 실용신안 등록출원인 경우에도 후출원은 특허 또는 등록될 수 없다는 것이다. 다만, 동일인에 의하여 특허출원(실용신안)을 기초로 하여 실용신안(특허)으로 이중출원된 것인 경우에는 그러하지 아니하다. 선출원주의는 새로운 발명에 대하여 출원을 빨리하도록 유인함으로써 발명이 사회에 조속히 공개되어 기술발전을 촉진할 수 있고, 선 · 후원관계의 판단이 용이한 장점이 있다. 반면 진정한 최선의 발명자를 보호하는 데 소홀한 점이 있고, 선출원의 지위를 확보하기 위하여 출원을 서두르게 되어 기술적 결함이나 미완성의 발명이 출원되는 문제점을 안고 있다.[38]

● 선발명주의

출원의 순서와 관계없이 먼저 발명한 출원인에게 권리를 부여하는 형태로 발명가 보호에 장점이 있다. 특히 사업체를 가지고 있지 않은 개인 발명가들이 선호하는 제도이며 발명가는 발명 관련 일지를 작성하고 증인을 확보해야 하며 특허청은 발명의 시기를 확인해야 한다.

㈏ 선출원주의 내용

원칙상 동일한 발명에 대하여 다른 날에 둘 이상의 특허출원이 있는 경우에는 먼저 특허출원한 자만이 그 발명에 대하여 특허를 받을 수 있다(특허법 제36조 제1항). 반면 동일한 발명에 대하여 같은 날에 둘 이상의 특허출원이 있는 경우에는 특허출원인 간에 협의하여 정한 하나의 특허출원인만이 그 발명에 대하여 특허를 받을 수 있으며, 협의가 성립하지 아니하거나 협의를 할 수 없는 경우에

38) https://www.itfind.or.kr/trend/patent/lecture/content_08.do.

는 어느 특허출원인도 그 발명에 대하여 특허를 받을 수 없다(같은 조 제2항). 이와 관련 특허청장은 특허출원인에게 기간을 정하여 협의의 결과를 신고할 것을 명하고, 그 기간에 신고가 없으면 제2항에 따른 협의는 성립되지 아니한 것으로 본다(같은 조 제6항). 특허출원된 발명과 실용신안 등록출원된 고안이 동일한 경우 그 특허출원과 실용신안 등록출원이 다른 날에 출원된 것이면 위 제1항을 준용하고, 그 특허출원과 실용신안 등록출원이 같은 날에 출원된 것이면 위 제2항을 준용하여 처리한다(같은 조 제3항). 특허출원 또는 실용신안 등록출원이 다음 각 호[39])의 어느 하나에 해당하는 경우 그 특허출원 또는 실용신안 등록출원은 위의 제1항부터 제3항까지의 규정을 적용할 때에는 처음부터 없었던 것으로 본다. 다만, 위 제2항 단서(제3항에 따라 준용되는 경우를 포함한다)에 해당하여 그 특허출원 또는 실용신안 등록출원에 대하여 거절결정이나 거절한다는 취지의 심결이 확정된 경우에는 그러하지 아니하다. 나아가, 발명자 또는 고안자가 아닌 자로서 특허를 받을 수 있는 권리 또는 실용신안등록을 받을 수 있는 권리의 승계인이 아닌 자가 한 특허출원 또는 실용신안 등록출원은 제1항부터 제3항까지의 규정을 적용할 때에는 처음부터 없었던 것으로 본다(같은 조 제5항).

● **특허법 제29조 제3항과 관련 주의사항**

　① 특허출원한 발명이, 당해 특허출원 전에 출원하여 당해 특허출원 후에 출원공개 또는 등록공고된 타 특허출원 또는 타 실용신안 등록출원의 출원서에 최초로 첨부된 명세서 또는 도면에 기재된 발명 또는 고안과 동일한 경우에는 특허받을 수 없다.

　② 선원의 지위를 청구범위에 기재된 발명뿐만 아니라 명세서와

---

39) 다음 각 호란 ① 포기, 무효 또는 취하된 경우, ② 거절결정이나 거절한다는 취지의 심결이 확정된 경우를 말한다.

도면에 기재된 발명에까지 확대된다.

③ 당해 출원의 발명자와 타 출원의 발명자 또는 고안자가 동일하거나 당해 출원 시의 출원인이 타 출원의 출원인과 동일한 경우에는 적용되지 않는다.

2) 출원의 원칙

특허출원은 1발명 1특허출원을 원칙으로 한다. 이를 발명의 단일성이라 한다. 이는 하나의 특허출원서에 여러 발명을 기재하여 출원을 하면 발명의 내용이 애매모호하고 하나의 특허심사를 위하여 여러 기술 분야의 심사관이 참여해야 되므로 그 절차가 복잡해지고 지연될 수 있는데 이를 방지하기 위함이다. 다만, 하나의 총괄적 발명의 개념을 형성하는 1군의 발명은 1특허출원을 할 수 있다. 1군의 발명은 ① 청구된 발명 간에 기술적 상호관련성이 있어야 하고, ② 청구된 발명들이 동일하거나 상응하는 기술적 특징을 가진 것으로 그 기술적 특징은 발명 전체로 보아 선행기술과 비교하여 개선된 것이어야 한다(특허법 시행령 제6조). 만약 1특허 출원의 범위에 위반된 경우에는 거절이유가 되나, 이의신청의 사유 또는 무효사유에는 해당되지 않는다. 이 경우 특허출원인이 자진하여 또는 심사관으로부터 이에 대한 거절이유통지를 받은 후에 각각의 발명에 대하여 새로운 출원으로 분할출원함으로써 구제될수 있다.[40]

● 발 명[41]

① 발명의 개념

발명이란 '자연법칙을 이용'한 기술적 사상의 창작으로서 고도의 것을 말한다(특허법 제2조 제1호). 이는 이미 존재하는 자연법칙 그

---

40) https://www.itfind.or.kr/trend/patent/lecture/content_04.do.
41) 정상조 · 박준석, 앞의 책, 48-55쪽.

자체의 발견과는 구별되며, 자연법칙의 이용을 위한 특정인의 창작적 노력을 촉진하기 위한 특허법상의 도구적 개념이다. 또한 발명은 '기술적 사상의 창작'이어야 한다. 여기서 기술이란 일정한 목적을 달성하는 합리적 수단에 의하여 기술적 효과를 가져오는 것으로 디자인이나 저작물과는 구별된다. 나아가 기술은 동일한 효과를 가져올 수 있는 반복가능성이 존재하여야 하므로 개인적인 기능이나 예능은 발명으로 될 수 없다.

② 발명의 성립성 판단

발명의 성립성에 대한 판단은 특허출원 시를 기준으로 하며, 그 판단 기준은 특허출원서에 최초로 첨부된 명세서 · 도면(적법하게 보정된 명세서 또는 도면을 포함)을 참작하여 특허 청구범위에 기재된 사항을 근거로 한다.

③ 발명의 종류

발명의 종류에는 물건의 발명, 방법의 발명, 개척발명, 개량발명, 이용발명, 결합발명이 있다. 물건발명과 방법발명은 발명의 내용 또는 대상에 따른 종류인 데 반하여, 개척발명 또는 기본발명과 개량발명 또는 이용발명은 발명의 진보성의 정도에 따른 종류이다.

— 물건의 발명이란 제품이나 물질에 관한 발명으로 방법의 발명과 대립되는 개념이다. 물건의 발명의 실시행위는 그 물건을 생산 · 사용 · 양도 · 대여 또는 수입하거나 그 물건의 양도 또는 대여의 청약을 하는 행위를 말하며, 물건의 발명에서 간접침해 태양이란 그 물건의 생산에만 사용하는 물건을 업으로 생산 · 양도 · 대여 또는 는 수입하거나 그 물건의 양도 또는 대여의 청약을 하는 행위가 이에 해당된다(특허법 제127조 제1호).

— 방법의 발명이란 물질을 생산하는 제법 자체를 발명의 대상으로 하는 것으로 물건의 발명과 대비된다. 물건의 발명과는 그 실시 형태나 간접침해행위의 형태 등에서 구별의 실익이 있다.

— 개척발명은 특허 발명 중에서 문제해결을 위한 첫 단계의 발명으로 기본발명과 유사하나, 개량발명과는 대립되는 개념이다. 개척발명의 특징은 해당 분야의 문제해결을 위한 첫 단계의 발명인 경

우가 많아 특허보호의 범위가 넓고, 이를 이용한 이용발명에 대해서 기본발명자로서 통상실시권을 받을 수 있는 등 특혜가 크다.

－ 개량발명은 기본발명에 대립하는 개념으로 해당 분야에서 기초가 되는 기본발명의 기술적 부족분을 보충하는 내용의 발명을 말한다.

－ 이용발명은 기본적인 선행발명이 특허가 되어 있는 경우 그것을 개량하여 새로운 기술적 요소를 덧붙여 발명한 경우를 말한다. 이 이용발명은 기본 특허 발명자와 이용발명자 사이의 이익조정에 문제가 있다. 특허법 제98조는 "특허권자·전용실시권자 또는 통상실시권자는 특허발명이 그 특허 발명의 특허출원일 전에 출원된 타인의 특허 발명·등록실용신안 또는 등록디자인이나 이와 유사한 디자인을 이용하거나 특허권이 그 특허 발명의 특허출원일 전에 출원된 타인의 디자인권 또는 상표권과 저촉되는 경우에는 그 특허권자·실용신안권자 또는 디자인권자 또는 상표권자의 허락을 얻지 아니하고는 자기의 특허 발명을 업으로서 실시할 수 없다"고 규정하여 이해관계를 조절하도록 하였다

－ 결합발명이란 독자적 발명의 대상이 된 부분적 요소들을 결합하여 하나의 문제해결을 위한 발명이 된 것을 말한다. 결합되는 구성요소가 모두 공지의 것이라도 그 결합과 결과물이 단순한 부분의 합보다 수율[42]이 높고 신규성이 있다면 발명이 된다.

④ 특허받을 수 없는 발명

위에서 살펴본 바와 같이 자연법칙을 이용한 기술적 사상의 창작으로서 고도의 것은 신규성과 진보성 등의 특허요건을 갖추기만 하면 특허를 받을 수 있는 발명에 해당된다고 한다. 그러나 국가 전체의 과학기술 및 산업발전의 정도와 공서양속에 따라서 특허를 받을 수 없는 발명이 있다. 즉, 화학적 방법으로 제조할 수 있는 물질 등에 대한 물질 발명, 음식물이나 기호물에 관한 발명, 원자핵 변환방법으로 제조될 수 있는 물질의 발명과 공공의 질서 또는 선량한 풍속을 문란하게 하거나 공중의 위생을 해할 염려가 있는 발명은 특허대상에서 명시적으로 제외하고 있다(특허법 제32조).

---

42) 투입수에 대한 완성된 양질품의 비율을 말한다.

3) 특허출원 서류

---

① 출원서: 출원인, 대리인 및 발명(고안)의 명칭 등

② 명세서

③ 발명의 상세한 설명

④ 청구범위: 특허 발명의 보호범위

⑤ 도면: 필요한 경우 기술구성을 도시하여 발명을 명확히 표현

⑥ 요약서: 발명을 요약정리 (기술정보로 활용)

---

4) 특허출원 및 심사절차 흐름도[43]

| 방식심사 ⇨ | • 출원의 주체, 법령이 정한 방식상 요건 등 절차의 흠결 유무 점검 |

⇩

| 출원공개 ⇨ | • 특허출원에 대하여 그 출원일로부터 1년 6월이 경과한 때
• 출원 이의신청이 있는 때는 기술 내용을 공개, 공보에 게재하여 일반인에게 공개 |

⇩

| 실체심사 ⇨ | • 발명의 내용파악, 선행기술 조사 등을 통해 특허여부를 판단 |

⇩

| 특허결정 ⇨ | • 심사결과 거절이유가 존재하지 않을 시에는 특허결정서를 출원인에게 통지 |

⇩

| 등록공고 ⇨ | • 특허가 결정되어 특허권이 설정·등록되면 그 내용을 일반인에게 공개함 |

---

43) http://www.kipo.go.kr/kpo/user.tdf?a=user.html.HtmlApp&c=10001 &catmenu=m04_01_01.

5) 특허출원후 심사 흐름도

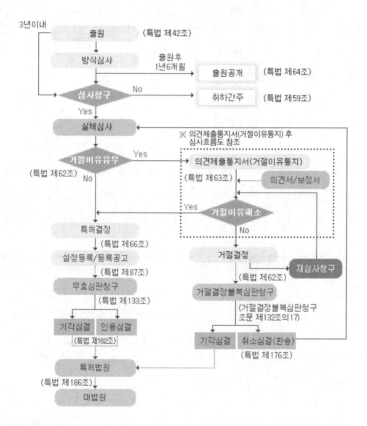

| 출처 | https://www.kipo.go.kr/kpo/HtmlApp?c=10001&catmenu=m06_01_ 01.

3. 실용신안권

(1) 개 념

　실용신안권이란 공업소유권의 일종으로 실용신안법에 의하여 실용신안을 등록한 자가 독점적·배타적으로 그 실용신안상에 가지는 지배권을 말한다. 이러한 실용신안에 대하여 실용신안법은 산업상 이용할 수 있는 물품의 형상·구조 또는 조합에 관한 고안으로서 특허청에 이를 등록함으로써 효력이 발생하는 권리를 말한다(실용신안법 제21조). 이 권리는 특허권보다는 한 단계 낮은 산업재산권이며, 새로운 발명이 아닌 기존의 발명을 개선하거나 보완하였을 때 부여하는 권리이다.

이러한 실용신안제도는 독일을 비롯한 일본, 우리나라, 스페인, 이탈리아 등 몇몇 국가에서 특허법을 보완하기 위하여 별도로 마련한 제도이다. 대부분 국가는 특허법만으로 보호하고 있으며, 프랑스, 오스트리아 및 중국은 특허법 내에 별도의 실용신안제도를 도입하고 있다. 우리나라는 1946년 특허법과는 구별되는 별도의 실용신안법을 제정하여 오늘에 이르고 있다.[44)

● **실용신안권의 논의 배경**

실용신안권에 대한 논의의 시작은 독일이다. 19세기 말 유럽의 다른 국가에 비하여 공업이 뒤떨어져 있던 독일은 이를 극복하고자 세계 최초로 독자적인 제도를 만들었다. 즉, 1981년 독일 실용신안법(Gesetz betreffend den schulz von Gebrauchsmustern)을 제정하여 소규모의 사업가나 국민들로 하여금 발명 의욕을 진작시키고자 하였다. 이후 이 제도는 '특허법의 작은 동전'(kleine Münze des Patentrechts)으로 후발공업국에게 주목을 받게 되어 우리나라를 비롯하여 일본, 이탈리아, 스페인, 모로코, 필리핀, 멕시코, 우루과이, 포르투갈, 폴란드, 대만 등에서 입법화하였다.[45)

---

(2) 특허와의 구별

특허와 실용신안은 모두 자연법칙을 이용한 기술적 사상의 창작

---

44) 손승우, 앞의 책, 292쪽.
45) 송영식·이상정·김병일, 「지적재산법」(세창출판사, 2017), 22쪽.

이라는 점에서 서로 공통점이 있으며, 성질 또한 비슷하다. 따라서 실용신안법은 대부분 특허법의 규정을 준용하고 있으며, 강학상으로도 특허법과 실용신안법은 거의 세트로 거론된다. 굳이 양자를 구분한다면, 특허의 대상이 되는 '발명'은 '자연법칙을 이용

특허와 실용신안의 비교[46)]

구분	특허	실용신안	비고
대상	자연법칙을 이용한 기술적 사상의 창작으로서 고도한 것	'자연법칙을 이용한 기술적 사상의 창작'	발명의 '고도성' 여부
보호대상	'물건에 관한 발명'과 '방법에 관한 발명'으로 나눌 수 있고, 물건은 다시 일정한 형태를 가지는 '물품'과 일정한 형태가 없는 '물질'로 구분	일정한 형태를 가진 '물품에 관한 고안'만	
법의 내용	특허법	실용신안법. 주요 내용은 특허법과 동일하거나 부분적으로 특허법 준용	
존속기간	설정등록 후 출원일부터 20년	설정등록 후 출원일부터 10년	고안이 발명보다 모방용이, 제품수명 짧음
출원 및 심사절차	특허출원서에는 필요한 경우에만 도면 첨부	실용신안등록 출원서에는 반드시 도면 첨부	
심사청구 기간	출원일부터(우선권 주장이 있는 경우 그 우선일부터) 5년	출원일부터 3년	

---

46) http://kocw.xcache.kinxcdn.com/KOCW/document/2018/seowon/choi byungrok201/5.pdf.

한 기술적 사상의 창작으로서 고도한 것'이고, 실용신안등록의 대상이 되는 '고안'은 '자연법칙을 이용한 기술적 사상의 창작'이라는 점에서 차이가 있다. 다만, 실용신안은 그 보호대상이 물건의 형상, 구조 또는 그 조합에 관한 것으로 반드시 물건을 전제로 하며, 새로운 물건의 창작이라기보다는 기존의 물건을 개량하여 그 실용적 가치를 높이는 것이지만, 특허(발명)는 실용신안보다 기술내용이 고도한 것으로서 보호대상은 물건의 발명(기계, 기구, 기타 신제품 등), 방법의 발명(측정 분석 방법 및 용도, 이용 방법 등), 물질의 발명(의약품, 화학, 물질, 조성물, 식물 및 음식물) 등이 있다.[47]

(3) 심사후 등록제도

그동안 실용신안의 선등록제도를 취하였으나, 2006년 10월 1일 이후 심사 후 등록제도로 변경하였다. 그 배경은 특허출원에 대한 심사 처리기간이 대폭 단축될 것으로 전망되어 신속한 권리설정을 하고자 도입되었던 실용신안 선등록제도의 장점이 감소되고, 심사 없이 등록된 권리의 오·남용, 복잡한 심사절차로 인한 출원인의 부담 증가 및 심사업무의 효율성 저하 등의 문제점을 해결하고자 한 것이다. 즉, 형식적인 요건만을 심사하여 등록하던 실용신안 선등록제도를 폐지하는 대신 실체적 심사를 거쳐 실용신안등록 여부를 결정하는 심사후 등록제도를 도입한 것이다.[48] 이하 특허제도와 현행 실용신안제도(심사후 등록제도)의 주요 내용을 비교하면 다음과 같다.

---

47) 위의 사이트.
48) http://m.e-patentnews.com/a.html?uid=4941.

특허제도와 현행 실용신안제도(심사후 등록제도)의 주요내용 비교[49]

구분		특허 제도	실용신안제도
등록	등록요건	실체적 요건	기초적 요건
	보정시기	- 특허결정등본을 송달하기 전 - 해당 거절이유통지에 따른 의견서 제출기간 이내 - 거절결정불복 심판청구일부터 30일 이내	- 출원후 2월이내 - 보정명령후 1월이내
	결정방법	특허결정 또는 특허거절결정	설정등록 또는 각하결정
권리행사	권리존속기간	20년	10년
	권리행사의 요건	설정등록	기술평가유지 결정 등본을 제시하여 경고한 후 가능
	권리행사의 책임		- 권리행사후 무효 또는 취소 시 권리자의 손해배상책임. - 다만 기술평가유지결정에 근거할 경우 면책
	침해자의 과실추정	설정등록 후	기술평가유지결정 후
권리무효·취소	이의신청	설정등록일부터 등록공고일 후 3월 이내에	등록공고일부터 3월이내
	심사청구	출원부터 5년이내	등록 후
	무효심판	설정등록 이후 이해관계인 또는 심사관이 청구	설정등록 이후 이해관계인 또는 심사관이 청구
기타	우선심사제도	있음	없음
	진보성	용이하게 발명가능한지 여부	용이하게 고안가능한지 여부
	정정가능절차	이의신청, 무효심판, 정정심판, 정정의 무효심판	

---

49) http://acep.co.kr/ko/sub/202.php.

(4) 실용신안출원 및 심사절차 흐름도

선등록제도와 심사후등록제도의 비교[50]

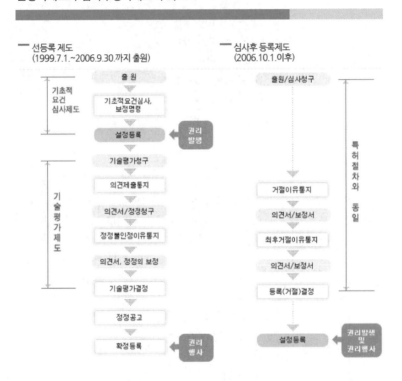

─ 선등록 제도
(1999.7.1.~2006.9.30.까지 출원)

─ 심사후 등록제도
(2006.10.1.이후)

기초적 요건 심사제도

출 원
기초적요건심사, 보정명령
설정등록 ← 권리발생

기술평가제도

기술평가청구
의견제출통지
의견서/정정청구
정정불인정이유통지
의견서, 정정의 보정
기술평가결정
정정공고
확정등록 ← 권리행사

특허절차와 동일

출원/심사청구
거절이유통지
의견서/보정서
최후거절이유통지
의견서/보정서
등록(거절)결정
설정등록 ← 권리발생 및 권리행사

---

50) http://acep.co.kr/ko/sub/202.php.

현행 실용신안 흐름도[51)]

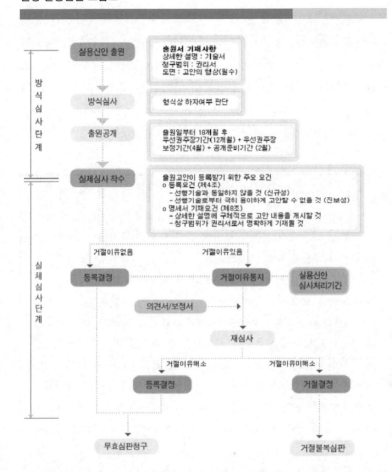

4. 디자인권

(1) 개 념

디자인이라 함은 "물품[52)]의 형상 · 모양 · 색체 또는 이들을 결합

---

51) http://acep.co.kr/ko/sub/202.php.

한 것으로 시각을 통하여 미감을 일으키게 하는 것"을 말한다(디자
인보호법 제2조).53) 통상 디자인은 광고포스터, 그래픽디자인 등과
같은 시각디자인, 생활공간이나 환경에 관한 환경디자인, 제품에
관한 제품디자인, 건축디자인, 도시디자인, 디지털 디자인 등을 포
괄하는 개념이나, 디자인보호법상의 디자인은 디자인의 개념 중 제
품디자인 분야를 주된 대상으로 한다.54) 디자인권은 디자인의 설
정등록에 의하여 갖는 권리이다(디자인보호법 제90조).

● **디자인 보호제도의 연혁**55)

디자인 보호제도는 프랑스, 영국 등 유럽에서 발생되었다. 프랑스
는 1711년 리옹에서 견직물 도안에 관한 도용을 금지하였으며, 1787
년 참사원 명령을 통해 프랑스 전역의 가구 및 직물에 대한 독점권을
부여하고, 1793년 저작권법을 제정하였다. 그런데 이 법의 문제는 공
업적 도안을 보호하지 못하였다는 점이다. 이에 대하여 불만을 가지
고 있던 리옹 견직물업자들은 1806년 나폴레옹 황제가 리옹에 왔을
때 이러한 애로사항을 호소하였는데, 그 이후 보호를 받게 되었다. 현
행 디자인보호법(loi sur les dessins et modéls)은 1909년 7월 14일
제정된 것이다. 반면 영국은 산업혁명에 의한 섬유공업이 발달함에
따라 1787년 조례, 즉 아마포(linens), 비단제품(Cottons), 칼리고
(Calicoes) 및 모슬린(Muslins)의 디자인 및 날염기술에 관한 권리를

---

52) 물품의 부분[같은 법 제42조(한벌의 물품의 디자인)는 제외한다] 및 글자
체를 포함한다(같은 법 제2조 제1호). 여기서 '글자체'란 기록이나 표시 또
는 인쇄 등에 사용하기 위하여 공통적인 특징을 가진 형태로 만들어진 한
벌의 글자꼴(숫자, 문장부호 및 기호 등의 형태를 포함한다)을 말하고(같은
법 제2조 제2호), '한 벌의 물품'이란 2 이상의 물품이 동시에 사용되는 경우
한 벌 전체로서 통일성이 있을 때를 말한다(같은 법 제42조 제1항).
53) 디자인보호법은 디자인의 보호와 이용을 도모함으로써 디자인의 창작을
장려하여 산업발전에 이바지함을 목적으로 한다(같은 법 제1조).
54) 송영식·이상정·김병일, 「지적재산법」(세창출판사, 2017), 147쪽.
55) 송영식·이상정·김병일, 위의 책, 23-24쪽.

창작자·날염자 및 보유자에게 부여하고 이들 기술의 진흥을 위한 조
례를 제정하였다. 이후 1949년 등록디자인보호법(Registered Design
Act)을 제정하여 지금에 이르고 있다. 한편 미국은 1842년 연방법으
로 디자인을 최초로 보호했으며, 독일은 1896년 신규의 독창적인 디
자인을 국가기관에 기탁(Hinterlegung)하도록 하면서 무단복제와 모
조품의 판매를 금지하는 디자인보호법이 성립하였다.

● 디자인의 유사여부의 판단[56]

— 동일하거나 유사한 물품 간에서만 디자인의 유사여부를 판단한다.

— 물품의 유사여부에 따른 디자인의 유사여부는 다음과 같다.[57]

구분	동일물품	유사물품	비유사물품
형상·모양·색채 동일	동일디자인		
형상·모양·색채 유사		유사디자인	
형상·모양·색채 비유사			비유사디자인

㉠ "동일물품"이란 용도와 기능이 동일한 것을 말한다.

※ "용도"란 물품이 실현하려는 사용목적을 말하며,「기능」이란 용도를 실현할
   수 있는 구조·작용 등을 말한다.

㉡ "유사물품"이란 용도가 동일하고 기능이 다른 것을 말한다. (예)
'볼펜'과 '만년필'

㉢ 비유사물품인 경우에도 용도상으로 혼용될 수 있는 것은 유사
한 물품으로 볼 수 있다

※ "혼용"이란 용도가 다르고 기능이 동일한 물품을 용도를 바꿔서 사용하는 것
   을 말한다.(예) "수저통"과 "연필통"

---

56) https://www.kipo.go.kr/kpo/HtmlApp?c=10004&catmenu=m06_03 _03.

57) 대법원 판례에 의하면, "디자인을 이루는 구성요소에는 형상과 모양뿐 아
   니라 색채도 포함되지만 대비되는 두 디자인이 형상과 모양에서 동일하고
   색채의 구성에 있어서도 바탕색으로 되어 있는 부분과 채색되어 있는 부분
   의 위치와 면적 등 기본적인 채색 구도가 동일하다면 그 두 디자인의 채색
   된 부분의 구체적인 색채가 다른 색으로 선택되었다는 점만으로는 특별한
   사정이 없는 한 보는 사람이 느끼는 심미감에 차이가 생긴다고 볼 수 없을
   것이라고 판단하고 있다(대판 2007. 10. 26, 자 2005마977 결정).

(2) 디자인의 성립요건

디자인의 성립요건은 물품성, 형태성, 시각성, 심미성을 들 수 있다. 여기에서 '물품성'이란 독립거래가 가능한 구체적인 물품으로서 유체 동산을 말하며,[58] '형태성'이란 형상·모양·색채 등 물품의 외관에 관한 디자인의 요소를,[59] '시각성'은 육안으로 식별할 수 있는 것을, '심미성'이란 해당 물품에서 미를 느낄 수 있도록 처리되어 있는 것을 말한다.[60]

(3) 디자인등록의 요건

디자인등록의 요건에 대해서는 디자인보호법 제3조(디자인등록을 받을 수 있는 자)와 제33조(디자인 등록의 요건)에서 정하고 있다. 그 내용은 아래와 같다.

---

① 디자인등록을 받을 수 있는 자(디자인보호법 제3조)
- 디자인을 창작한 사람 또는 그 승계인은 디자인등록을 받을 수 있다. 다만, 특허청 또는 특허심판원의 직원은 상속 또는 유증의 경우를 제외하고는 재직 중 디자인등록을 받을 수 없다.
- 2명 이상이 공동으로 디자인을 창작한 경우에는 디자인등록을 받을 수 있는 권리를 공유한다.
② 공업상 이용 가능성(같은 법 제33조 제1항)
- 공업적 생산방법에 의하여 동일한 물품을 양산할 수 있는 디자인

---

58) 부동산일지라도 '버스 승강장' 또는 '조립식 교량' 등과 같이 반복적으로 생산할 수 있고 이동이 가능하며 독립거래의 대상이 되는 것은 물품으로 인정되며, '한글 글자체' 또는 '숫자 글자체' 등과 같이 기록, 표시 또는 인쇄 등에 사용하기 위하여 공통적인 특징을 가진 형태로 만들어진 한 벌의 글자꼴도 물품에 해당된다.

59) 물품은 유체동산이므로 글자체를 제외하고 형상이 결합되지 않은 모양 또는 색채만의 디자인 및 모양과 색채의 결합디자인은 인정되지 아니한다.

60) https://www.kipo.go.kr/kpo/HtmlApp?c=10004&catmenu=m06_03_03.

을 말한다.[61]

- '동일한 물품을 양산할 수 있는 디자인'이란 물리적으로 완전히 동일한 물품의 양산을 의미하는 것은 아니고, 그 분야에서 통상 의 지식을 가진 자가 그 지식을 기초로 하여 합리적 해석을 하였 을 때 동일한 물품으로 판단되는 수준의 동일성을 가진 물품을 양산할 수 있는 디자인을 의미한다.

③ 신규성(같은 법 제34조)

- 다음의 어느 하나에 해당하는 경우에는 신규성이 상실되어 디자 인등록을 받을 수 없다. 다음 어느 하나란 ㉠ 디자인등록 출원 전 에 국내 또는 국외에서 공지되었거나 공연히 실시된 디자인, ㉡ 디자인등록 출원 전에 국내 또는 국외에서 반포된 간행물에 게재 되었거나 전기통신회선을 통하여 공중이 이용할 수 있게 된 디자 인, ㉢ ㉠ 또는 ㉡에 해당하는 디자인과 유사한 디자인을 말한다.
- '공지된 디자인'이라 함은 불특정 다수인이 인식할 수 있는 상태에 놓 여 있는 디자인으로, 반드시 불특정 다수인이 인식할 필요는 없다.
- '공연히 실시된 디자인'이라 함은 디자인의 내용이 공연히 알려진 또는 불특정 다수인이 알 수 있는 상태에서 실시된 디자인을 말한다.
- '반포된 간행물'이라 함은 간행물이 불특정 다수인이 볼 수 있는 상태에 놓여져 있는 것을 말하며, 간행물은 인쇄 기타의 기계적, 화학적 방법에 의하여 공개의 목적으로 복제된 문서, 도화, 사진 등을 말한다.
- '전기통신회선'이란 유선 또는 무선에 의하여 쌍방향으로 통신이 가능한 통신수단을 의미한다.

④ 창작 비용이성(같은 법 제33조 제2항)

- 디자인등록출원 전에 그 디자인이 속하는 분야에서 통상의 지식 을 가진 사람이 다음의 어느 하나에 따라 쉽게 창작할 수 있는 디 자인은 등록을 받을 수 없다. 다음 어느 하나란 ㉠ 디자인등록출 원 전에 국내 또는 국외에서 공지(公知)되었거나 공연(公然)히 실시된 디자인, 디자인등록출원 전에 국내 또는 국외에서 반포된

---

61) 이에는 기계에 의한 생산과 수공업적 생산이 포함된다.

> 간행물에 게재되었거나 전기통신회선을 통하여 공중(公衆)이 이용
> 할 수 있게 된 디자인 또는 이들의 결합, ⓛ 국내 또는 국외에서 널
> 리 알려진 형상 · 모양 · 색채 또는 이들의 결합을 말한다.

(4) 디자인등록을 받을 수 없는 디자인

디자인보호법에 의하여 다음 어느 하나에 해당하는 디자인은 같은 법
제33조(등록요건)에도 불구하고 디자인등록을 받을 수 없다고 규정하고
있다. 다음 어느 하나란 ㉠ 국기, 국장, 군기, 훈장, 포장, 기장, 그 밖의
공공기관 등의 표장과 외국의 국기, 국장 또는 국제기관 등의 문자나 표
지와 동일하거나 유사한 디자인, ⓛ 디자인이 주는 의미나 내용 등이 일
반인의 통상적인 도덕관념이나 선량한 풍속에 어긋나거나 공공질서를
해칠 우려가 있는 디자인, ㉢ 타인의 업무와 관련된 물품과 혼동을 가져
올 우려가 있는 디자인, ㉣ 물품의 기능을 확보하는 데에 불가결한 형상
만으로 된 디자인을 말한다(같은 법 제34조).

(5) 선출원 및 확대된 선출원

1) 선출원

디자인보호법 제46조에 의하면, "동일하거나 유사한 디자인에
대하여 다른 날에 2 이상의 디자인등록출원이 있는 경우에는 먼저
디자인 등록출원한 자만이 그 디자인에 관하여 디자인등록을 받을
수 있다"고 하여 선출원에 대하여 규정하고 있다(같은 법 제46조 제1
항). 만약 동일하거나 유사한 디자인에 대하여 같은 날에 2 이상의
디자인등록출원이 있는 경우에는 디자인등록출원인이 협의하여
정한 하나의 디자인등록출원인만이 그 디자인에 대하여 디자인등
록을 받을 수 있다. 협의가 성립하지 아니하거나 협의를 할 수 없는
경우에는 어느 디자인등록출원인도 그 디자인에 대하여 디자인등

록을 받을 수 없다(같은 조 제2항). 특허청장은 디자인 등록출원인에게 기간을 정하여 협의의 결과를 신고할 것을 명하고 그 기간 내에 신고가 없으면 위의 협의는 성립되지 아니한 것으로 본다(같은 조 제5항). 디자인등록출원이 무효·취하·포기되거나 디자인등록거절결정 또는 거절한다는 취지의 심결이 확정된 경우 그 디자인등록출원은 제①항 및 제②항을 적용할 때에는 처음부터 없었던 것으로 본다. 다만, 제②항 후단에 해당하여 디자인 등록거절결정이나 거절한다는 취지의 심결이 확정된 경우에는 그러하지 아니하다(같은 조 제3항). 또한 무권리자가 한 디자인등록출원은 제①항 및 제②항을 적용할 때에는 처음부터 없었던 것으로 본다(같은 조 제4항).

2) 확대된 선출원

디자인등록을 출원한 디자인이 출원을 한 후에 제52조(출원공개), 제56조(거절결정된 공보게재) 또는 제90조(디자인 설정등록) 제3항에 따라 디자인공보에 게재된 다른 디자인등록 출원(그 디자인 등록출원일 전에 출원된 것으로 한정한다)의 출원서의 기재사항 및 출원서에 첨부된 도면·사진 또는 견본에 표현된 디자인의 일부와 동일하거나 유사한 경우에 그 디자인은 제33조 제1항[62])에도 불구하고 디자인등록을 받을 수 없다. 다만, 그 디자인등록출원의 출원인과 다른 디자인등록출원의 출원인이 같은 경우에는 그러하지 아니하다(같은 법 제33조 제3항).

---

62) 디자인보호법 제33조 제1항은 "공업상 이용할 수 있는 디자인으로서 다음 각 호의 어느 하나에 해당하는 것을 제외하고는 그 디자인에 대하여 디자인 등록을 받을 수 있다"는 규정을 말한다. 여기서 다음 각호란 디자인등록출원 전에 국내 또는 국외에서 공지(公知)되었거나 공연(公然)히 실시된 디자인(같은 항 제1호), 디자인등록출원 전에 국내 또는 국외에서 반포된 간행물에 게재되었거나 전기통신회선을 통하여 공중(公衆)이 이용할 수 있게 된 디자인(같은 항 제2호), 제1호 또는 제2호에 해당하는 디자인과 유사한 디자인(같은 항 제3호)을 말한다"고 규정하고 있다.

(6) 신규성 상실의 예외

디자인등록을 받을 수 있는 권리를 가진 자의 디자인이 공지된 디자인 등에 해당하게 된 경우, 그 디자인은 그날부터 6개월 이내에 그 자가 출원한 디자인에 대하여 신규성 및 창작성 요건을 적용할 때에 공지된 디자인 등에 해당하지 않는 것으로 본다(같은 법 제36조 제1항). 신규성 상실의 예외를 적용받으려는 자는 다음의 어느 하나에 해당할 때에 그 취지를 적은 서면과 이를 증명할 수 있는 서류를 제출하여야 한다(같은 조 제2항). 다음의 어느 하나란 ㉠ 디자인 등록출원서를 제출할 때(이 경우에 증명서류는 출원일부터 30일 이내에 제출), ㉡ 디자인등록출원에 대한 거절이유통지를 받고 의견서를 제출할 때, ㉢ 디자인 일부심사등록 이의신청에 대한 답변서를 제출할 때, ㉣ 디자인등록무효심판 청구에 대한 답변서를 제출할 때를 말한다.

(7) 관련디자인

디자인권자 또는 디자인 등록출원인은 자기의 등록디자인 또는 디자인 등록출원한 디자인과만 유사한 디자인에 대하여는 그 기본디자인의 디자인등록출원일부터 1년 이내에 디자인 등록출원된 경우에 한하여 관련디자인으로 디자인등록을 받을 수 있다(같은 법 제35조 제1항).[63] 디자인등록을 받은 관련디자인 또는 디자인 등록출원된 관련디자인과만 유사한 디자인은 디자인등록을 받을 수 없다(같은 조 제2항). 기본디자인의 디자인권에 전용실시권이 설정되어 있는 경우에는 그 기본디자인에 관한 관련디자인에 대하여는 디자인등록을 받을 수 없다(같은 조 제3항).

---

63) 자기의 등록디자인이나 출원디자인에만 유사한 디자인이란, 기본디자인과 유사한 디자인으로서 그 출원일보다 선행하는 타인의 디자인(출원디자인, 등록디자인, 공지디자인)과 유사하지 않은 것을 말한다(https://www.kipo.go.kr/kpo/HtmlApp?c=10004&catmenu=m06_03_03).

(8) 디자인 등록에서 출원까지의 흐름도[64]

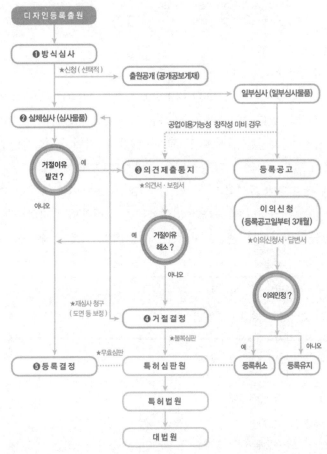

(9) 디자인권

1) 디자인권의 발생 및 존속기간

디자인권은 설정등록에 의하여 발생하며, 디자인등록 출원일 후 20년이 되는 날까지 존속한다. 관련디자인으로 등록된 디자인권의

---

64) 위의 사이트.

존속기간 만료일은 그 기본디자인의 디자인권의 존속기간의 만료일과 같다(디자인보호법 제90조, 제91조).

2) 디자인권의 효력

㈎ 적극적인 효력

디자인권의 적극적인 효력은 디자인보호법 제92조(디자인권의 효력)에 규정하고 있다. 즉, "디자인권자는 업으로서 등록디자인 또는 이와 유사한 디자인을 실시할 권리를 독점한다. 다만, 그 디자인권에 관하여 전용실시권을 설정하였을 때에는 제97조(전용실시권) 제2항[65]에 따라 전용실시권자가 그 등록디자인 또는 이와 유사한 디자인을 실시할 권리를 독점하는 범위에서는 그러하지 아니하다"라고 하여 통상실시권과 전용실시권을 정하고 있다(같은 법 제92조).

● 통상실시권과 전용실시권

㉠ 통상실시권(디자인보호법 제99조)

- 디자인권자는 그 디자인권에 대하여 타인에게 통상실시권을 허락할 수 있다(같은 법 제1항).
- 통상실시권자는 설정행위로 정한 범위에서 그 등록디자인 또는 이와 유사한 디자인을 업으로서 실시할 수 있는 권리를 가진다(같은 조 제2항).
- 제123조(통상실시권 허락의 심판)에 따른 통상실시권은 그 통상실시권자의 해당 디자인권 · 전용실시권 또는 통상실시권과 함께 이전되고 해당 디자인권 · 전용실시권 또는 통상실시권이 소멸되면 함께 소멸된다(같은 조 제3항).
- 위 제3항 외의 통상실시권은 실시사업과 같이 이전하는 경우 또

---

[65] 디자인보호법 제97조 제2항에 의하면, "전용실시권을 설정받은 전용실시권자는 그 설정행위로 정한 범위에서 그 등록디자인 또는 이와 유사한 디자인을 업으로서 실시할 권리를 독점한다"고 규정하고 있다.

는 상속이나 그 밖의 일반승계의 경우를 제외하고는 디자인권자(전용실시권자로부터 통상실시권을 허락받은 경우에는 디자인권자 및 전용실시권자)의 동의를 받지 아니하면 이전할 수 없다(같은 조 제4항).

- 위 제3항 외의 통상실시권은 디자인권자(전용실시권자로부터 통상실시권을 허락받은 경우에는 디자인권자 및 전용실시권자)의 동의를 받지 아니하면 그 통상실시권을 목적으로 하는 질권을 설정할 수 없다(같은 조 제5항).

- 통상실시권에 관하여는 제96조(디자인권의 이전 및 공유 등) 제2항·제3항[66]을 준용한다(같은 조 제6항).

ⓛ 전용실시권

- 디자인권자는 그 디자인권에 대하여 타인에게 전용실시권을 설정할 수 있다. 다만, 기본디자인의 디자인권과 관련디자인의 디자인권에 대한 전용실시권은 같은 자에게 동시에 설정하여야 한다(같은 법 제97조 제1항).

- 전용실시권을 설정받은 전용실시권자는 그 설정행위로 정한 범위에서 그 등록디자인 또는 이와 유사한 디자인을 업으로서 실시할 권리를 독점한다(같은 조 제2항).

- 전용실시권자는 실시사업(實施事業)과 같이 이전하는 경우 또는 상속이나 그 밖의 일반승계의 경우를 제외하고는 디자인권자의 동의를 받지 아니하면 그 전용실시권을 이전할 수 없다(같은 조 제3항).

- 전용실시권자는 디자인권자의 동의를 받지 아니하면 그 전용실시권을 목적으로 하는 질권을 설정하거나 통상실시권을 허락할

---

66) 디자인보호법 제96조 제2항·제3항은 "② 디자인권이 공유인 경우에 각 공유자는 다른 공유자의 동의를 받지 아니하면 그 지분을 이전하거나 그 지분을 목적으로 하는 질권을 설정할 수 없다. ③ 디자인권이 공유인 경우에는 각 공유자는 계약으로 특별히 약정한 경우를 제외하고는 다른 공유자의 동의를 받지 아니하고 그 등록디자인 또는 이와 유사한 디자인을 단독으로 실시할 수 있다"고 규정하고 있다.

> 수 없다(같은 조 제4항).
> - 전용실시권에 관하여는 제96조(디자인권의 이전 및 공유) 제2항
>   부터 제4항[67]까지의 규정을 준용한다(같은 조 제5항).
> - 기본디자인의 디자인권이 취소, 포기 또는 무효심결 등으로 소멸
>   한 경우 그 기본디자인에 관한 2 이상의 관련디자인의 전용실시
>   권을 설정하려면 같은 자에게 함께 설정하여야 한다(같은 조 제
>   6항).

(나) 소극적인 효력

디자인권의 소극적인 효력으로 디자인권자는 정당한 권원 없는
제3자가 등록디자인과 동일 또는 유사한 디자인을 업으로서 실시
하는 것에 대하여 침해금지 및 손해배상 등의 민사적 제재를 할 수
있고, 기타 벌칙으로 허위표시금지 및 침해죄로 고소할 수도 있다

● 디자인권자의 보호

① 민사적 제재
㉮ 권리침해에 대한 금지청구권(같은 법 제113조)
- 디자인권자 또는 전용실시권자는 자기의 권리를 침해한 자 또는
  침해할 우려가 있는 자에 대하여 그 침해의 금지 또는 예방을 청
  구할 수 있다.
- 디자인권자 또는 전용실시권자는 침해행위를 조성한 물품의 폐
  기, 침해행위에 제공된 설비의 제거, 그 밖에 침해의 예방에 필요
  한 행위를 청구할 수 있다.
㉯ 침해로 보는 행위(같은 법 제114조)

---

67) 디자인보호법 제96조 제2항·제3항은 위의 각주 참조. 제4항은 "④ 디자
   인권이 공유인 경우에는 각 공유자는 다른 공유자의 동의를 받지 아니하면
   그 디자인권에 대하여 전용실시권을 설정하거나 통상실시권을 허락할 수
   없다"고 규정하고 있다.

- 등록디자인이나 이와 유사한 디자인에 관한 물품의 생산에만 사용하는 물품을 업으로서 생산·양도·대여·수출 또는 수입하거나 업으로서 그 물품의 양도 또는 대여의 청약을 하는 행위는 그 디자인권 또는 전용실시권을 침해한 것으로 본다.

㉯ 손해액의 추정(같은 법 제115조)

- 디자인권자 또는 전용실시권자는 고의나 과실로 인하여 자기의 디자인권 또는 전용실시권을 침해한 자에 대하여 그 침해에 의하여 자기가 입은 손해의 배상을 청구하는 경우 그 권리를 침해한 자가 그 침해행위를 하게 한 물건을 양도하였을 때에는 그 물건의 양도수량에 디자인권자 또는 전용실시권자가 그 침해행위가 없었다면 판매할 수 있었던 물건의 단위수량당 이익액을 곱한 금액을 디자인권자 또는 전용실시권자가 입은 손해액으로 할 수 있다.

- 디자인권자 또는 전용실시권자가 고의나 과실로 자기의 디자인권 또는 전용실시권을 침해한 자에 대하여 그 침해에 의하여 자기가 입은 손해의 배상을 청구하는 경우 권리를 침해한 자가 그 침해행위로 이익을 얻었을 때에는 그 이익액을 디자인권자 또는 전용실시권자가 받은 손해액으로 추정한다.

- 디자인권자 또는 전용실시권자가 고의나 과실로 자기의 디자인권 또는 전용실시권을 침해한 자에 대하여 그 침해에 의하여 자기가 입은 손해의 배상을 청구하는 경우 그 등록디자인의 실시에 대하여 통상적으로 받을 수 있는 금액을 디자인권자 또는 전용실시권자가 입은 손해액으로 하여 손해배상을 청구할 수 있다.

㉰ 과실의 추정(같은 법 제116조)

- 타인의 디자인권 또는 전용실시권을 침해한 자는 그 침해행위에 대하여 과실이 있는 것으로 추정한다.

② 기타 제재

㉮ 허위표시금지(같은 법 제215조)

- 누구든지 다음의 어느 하나에 해당하는 행위를 하여서는 아니 된다. 다음의 행위란 ㉠ 디자인등록된 것이 아닌 물품, 디자인등록

출원 중이 아닌 물품 또는 그 물품의 용기나 포장에 디자인등록
표시 또는 디자인등록출원표시를 하거나 이와 혼동하기 쉬운 표
시를 하는 행위, ⓛ ⓐ항의 표시를 한 것을 양도·대여 또는 전
시하는 행위, ⓒ 디자인등록된 것이 아닌 물품, 디자인등록출원
중이 아닌 물품을 생산·사용·양도 또는 대여하기 위하여 광
고·간판 또는 표찰에 그 물품이 디자인등록 또는 디자인등록출
원된 것으로 표시하거나 이와 혼동하기 쉬운 표시를 하는 행위
를 말한다.

ⓑ 침해죄(같은 법 제220조)

- 디자인권 또는 전용실시권을 침해한 자는 7년 이하의 징역 또는
1억 원 이하의 벌금에 처한다.

- 침해죄에 대하여는 권리자의 고소가 있어야 공소를 제기할 수
있다.

5. 상표권

(1) 개 념

상표란 자기의 상품(지리적 표시가 사용되는 상품의 경우를 제외하고는
서비스 또는 서비스의 제공에 관련된 물건을 포함한다. 이하 같다)과 타인의
상품을 식별하기 위하여 사용하는 표장(標章)을 말한다(상표법 제2조 제
1항 제1호). 이러한 상표를 보호하기 위한 상표법은 "상표를 보호함으
로써 상표사용자의 업무상의 신용 유지를 도모하여 산업발전에 이바
지하고 수요자의 이익을 보호함을 목적으로 한다"고 규정하고 있다
(같은 법 제1조). 따라서 상표권이라 함은 상표를 상품 혹은 영업과 관
계에서 독점적으로 사용할 수 있는 권리를 말한다. 광의의 상표 개념
에는 상표 이외에 단체표장, 증명표장, 업무표장이 포함된다.

● 상표의 개념

① 상표법상 개념

'상표'란 자기의 상품과 타인의 상품을 식별하기 위하여 사용하는 표장(標章)을 말하며(제2조 제1항 제1호), '표장'이란 '기호, 문자, 도형, 소리, 냄새, 입체적 형상, 홀로그램·동작 또는 색채 등으로서 그 구성이나 표현방식에 상관없이 상품의 출처(出處)를 나타내기 위하여 사용하는 모든 표시'를 말한다(제2조 제1항 제2호).

② 단체표장의 개념

'단체표장'이란 상품을 생산·제조·가공·판매하거나 서비스를 제공하는 자가 공동으로 설립한 법인이 직접 사용하거나 그 소속 단체원에게 사용하게 하기 위한 표장을 말한다.

③ 증명표장의 개념

'증명표장'이란 상품의 품질, 원산지, 생산방법 또는 그 밖의 특성을 증명하고 관리하는 것을 업(業)으로 하는 자가 타인의 상품에 대하여 그 상품이 품질, 원산지, 생산방법 또는 그 밖의 특성을 충족한다는 것을 증명하는 데 사용하는 표장을 말한다.

④ 업무표장의 개념

'업무표장'이란 YMCA, 보이스카웃 등과 같이 영리를 목적으로 하지 아니하는 업무를 하는 자가 그 업무를 나타내기 위하여 사용하는 표장을 말한다(예: 대한적십자사, 청년회의소, 로타리클럽, 한국소비자원 등).

상표의 기능으로는 ① 상표를 상품에 표시하여 사용하는 경우 그 상표의 표시로 인하여 자기의 상품과 타인의 상품을 식별할 수 있는 자타상품의 식별기능, ② 동일한 상표를 표시한 상품은 동일한 출처에서 나온다는 것을 수요자에게 나타내는 출처표시 기능, ③ 동일 상표를 표시한 상품은 그 품질이 동일한 것을 수요자에게 보증하는 품질보증 기능, ④ 상표의 상품에 대한 심리적인 연상작용을 동적인 측면에서 파악한 것으로 상품거래사회에서 판매촉진

수단으로서의 기능인 광고선전기능, ⑤ 상표가 갖는 재산적·경제적 가치로서의 기능(상표권의 자유양도 및 사용권 설정 등을 통해 구현)을 들 수 있다.

● **상표의 연혁**

상표(brand)의 어원은 소나 말 등의 목축물에 화인(火印)하는 노르웨이의 고어 'brandr'로부터 유래하였다. 중세시대에 길드(guild)라는 상인단체나 동업조합원이 상품생산활동에 대한 독점과 상품의 질과 양을 통제하는 수단으로 상품에 '생산표'(production mark)를 사용하였다. 하지만 이는 소비자에게 자신의 상품을 식별하도록 한 것이 아니어서 오늘날의 상표제도와는 차이가 있다.[68] 근대적인 의미의 상표제도는 18-19세기 영국과 미국에서 부정경쟁행위에 관한 코먼 로(Common law)의 일부로 발달되어 왔으나, 상표의 간이·신속한 보호의 요청상 1862년 8월 7일 영국이 상표법을 제정하였다. 미국은 1870년 연방 상표법을 제정하였으며, 현행법은 1946년 제정된 Lanham법이다. 프랑스는 처음에는 민법(불법행위법) 및 형법(위조죄)으로 보호되었지만, 1857년 상표법을 제정하여 지금에 이르고 있다.[69]

---

(2) 상표등록요건

상표권을 취득하기 위해서는 상표가 등록되어야 하고 이를 위해서는 일정한 요건을 갖추어야 한다. 그러한 요건으로는 실체법적 요건과 절차법적 요건을 들 수 있다. 전자는 ① 상표의 개념에 합치될 것, ② 상표의 사용의사가 있을 것, ③ 식별력을 갖출 것, ④ 상표의 부등록사유에 해당되지 않을 것 등이 있고, 후자로는 출원절차 및

---

68) http://www.kipo.go.kr/kpo/user.tdf?a=user.html.HtmlApp&c=10003&catmenu=m06_03_01.

69) 송영식·이상정·김병일, 앞의 책, 27쪽.

심사절차의 요건이 있다. 이하에서는 실체적 요건을 살펴본다.

1) 상표의 사용의사

상표법 제3조 제1항은 "국내에서 상표를 사용하는 자 또는 상표를 사용하려는 자는 자기의 상표를 등록받을 수 있다"고 규정하여 상표법상 보호받는 상표가 되기 위해서는 상표의 사용의사가 있어야 함을 정하고 있다. 다만, 이러한 상표의 사용의사는 등록요건으로 존재하면 충분하고 등록출원 당시 출원인이 상표를 현실적으로 사용하고 있을 것까지 요구하는 것은 아니다. 다만, 기술적 표장이나 현저한 지리적 명칭 등으로 된 상표가 유효하게 등록되기 위해서는 당해 상표의 사용으로 인해서 당해 상표의 출처표시로서의 2차적 의미가 수요자 간에 현저하게 인식될 필요가 있다는 점에서 일정한 경우에는 상표의 사용의사뿐 아니라 현실적인 사용 실적이 요구되는 경우가 있다.[70]

2) 식별력

상표의 식별력(distinctiveness) 또는 특별현저성이란 자기의 상품과 다른 영업자의 상품을 구별할 수 있도록 하는 힘을 말한다. 즉, 거래자나 일반 수요자로 하여금 상표를 표시한 상품이 누구의 상품인가를 알 수 있도록 인식시켜 주는 것을 말한다.

일반적으로 식별력 유무의 판단은 지정상품과 관련하여 판단한다. 이처럼 식별력을 상표등록요건으로 하는 취지는 특정 상품의 출처를 표시할 수 있는 출처표시기능을 수행할 수 있게 되어 수요자의 혼동을 방지할 수 있을 뿐만 아니라 식별력이 없는 상표, 즉 기술적인 상표나 관용적인 상표를 보호대상에서 제외함으로써 경쟁업자로 하여금 자신의 상품을 설명하는 데 불과한 기술적·관용

---

70) 정상조·박준석, 앞의 책, 535-536쪽.

적 상표를 자유롭게 사용할 수 있도록 허용하기 위함이다.[71]

상표가 출처표시로서의 식별력을 갖추기 위해서는 최소한 그 상표를 구성하는 문자 또는 도형 등의 표장 그 자체가 명료해야 하고, 거래상 자타 상품을 구별케 하는 힘을 가질 수 있어야 한다. 이러한 식별력을 갖춘 상표가 자유로운 경쟁 및 상업상 표현의 자유를 해하지 않는 범위 내에서 상표법상 등록할 수 있고 상표권의 보호대상이 될 수 있다.[72]

다만, 상표법은 ① 그 상품의 보통 명칭을 보통으로 사용하는 방법으로 표시한 표장만으로 된 상표,[73] ② 그 상품에 대하여 관용(慣用)하는 상표, ③ 그 상품의 산지(産地)·품질·원재료·효능·용도·수량·형상·가격·생산방법·가공방법·사용방법 또는 시기를 보통으로 사용하는 방법으로 표시한 표장만으로 된 상표, ④ 현저한 지리적 명칭이나 그 약어(略語) 또는 지도만으로 된 상표, ⑤ 흔히 있는 성(姓) 또는 명칭을 보통으로 사용하는 방법으로 표시한 표장만으로 된 상표, ⑥ 간단하고 흔히 있는 표장만으로 된 상표, ⑦ 제1호부터 제6호까지에 해당하는 상표 외에 수요자가 누구의 업무에 관련된 상품을 표시하는 것인가를 식별할 수 없는 상표는 식별력을 결여한 상표로서 등록할 수 없도록 하였다(상표법 제33조 제1항).

---

71) 이동흡, 상표의 특별현저성, 재판자료, 제57집, 제11쪽(정상조·박준석, 위의 책, 536쪽 각주 97 재인용).

72) 정상조·박준석, 앞의 책, 536쪽.

73) '보통으로 사용하는 방법으로 표시하는 표장'이라 함은 '한글, 한자 또는 로마문자 등 문자의 인쇄체, 필기체로 표시하여 구성된 표장'을 말하고, '만으로 된'의 의미는 보통명칭 등이 포함된 경우라도 식별력 있는 표장의 부기적 부분에 불과한 경우 또는 식별력 있는 표장에 흡수되어 불가분의 일체를 구성하는 경우에는 전체적으로 식별력이 인정된다는 것이다. 다만, 단순히 2 이상의 기술적 표장을 결합한 경우는 제외된다(https://www.kipo.go.kr/kpo/HtmlApp?c=10003&catmenu=m06_03_01).

● 식별력이 결여된 상표[74]

① 상품의 보통명칭: 상표가 특정 상품과 관련하여 그 상품의 명칭을 나타내는 상표(스낵제품-Corn Chip, 과자-호두과자, 자동차-Car)

② 관용상표: 동종업자들 사이에서 특정 종류의 상품에 관용적으로 쓰이는 표장(과자류-깡, 청주-정종, 직물-Tex)

③ 성질표시적 상표

- 산지표시: 상품의 생산지를 표시하는 것(사과-대구, 모시-한산, 굴비-영광)

- 품질표시: 상품의 품질의 상태, 우수성 등을 표시하는 것(상, 중, 하 등)

- 원재료표시: 원재료로 쓰는 상품의 명칭을 표시하는 것(양복-Wool, 넥타이-Silk)

- 효능표시: 상품의 효과나 성능 등을 표시하는 것(TV-HITEK)

- 용도표시: 상품의 쓰임새를 나타내는 상표(가방-학생, 의류-Lady)

- 수량표시: 2컬레, 100미터 등

- 형상표시: 상품의 형상·모양·크기 등을 표시하는 것(소형, 대형, 캡슐, SLIM)

- 생산방법·가공방법·사용방법표시: 상품의 생산·가공·사용방법을 표시하는 상표(농산물-자연농법, 구두-수제, 책상-조립)

- 시기표시: 상품의 사용시기 등을 표시하는 것(타이어-전천후 등)

④ 현저한 지리적 명칭, 그 약어 또는 지도: 수요자에게 현저하게 인식된 지리적인 명칭(금강산, 백두산, 뉴욕 등)

⑤ 흔한 성 또는 명칭: 흔히 있는 자연인의 성 또는 법인, 단체, 상호임을 표시하는 명칭(이씨, 김씨, 사장, 상사, 조합, 총장 등)

⑥ 간단하고 흔히 있는 표장: 상표의 구성이 간단하고 또한 흔히 있는 표장(123, ONE, TWO, β 등)

⑦ 기타 식별력이 없는 표장: 일반적으로 쓰이는 구호, 표어, 인사말 등(Believe it or not, I can do, www 등)

---

74) https://www.kipo.go.kr/kpo/HtmlApp?c=10003&catmenu=m06_03_01.

식별력 요부의 판단은 등록여부 결정 시를 기준으로 판단하고, 결합상표의 경우 그 상표의 구성부분 전체를 기준으로 판단하며, 지정상품에 관한 일반적 거래자 또는 수요자를 기준으로 판단해야 할 것이나 지정상품과의 관계를 고려할 필요가 없는 경우에는 통상적인 일반인의 평균적 인식을 기준으로 판단한다. 다만, 위의 ③, ④, ⑤, ⑥의 사유에 해당하더라도 상표등록출원 전부터 그 상표를 사용한 결과 그 상표가 수요자 간에 누구의 업무와 관련된 상품을 표시하는 것인가 현저히 인식되어 있는 상표는 등록을 받을 수 있다(상표법 제33조 제2항). 또한 ③호(산지에 한함) 또는 ④호의 규정에 해당하는 표장이라도 그 표장이 특정상품에 대한 지리적 표시인 경우에는 지리적 표시 단체표장 등록을 받을 수 있다(같은 조 제3항).

3) 부등록사유

위의 등록요건을 갖추었더라도 상표법 제34조는 상표가 자타상품의 식별력을 가지고 있다 하더라도 독점배타적 성질의 상표권을 부여하는 경우 공익상 또는 타인의 이익을 침해하는 경우 아래와 같이 제한·열거적으로 규정하여 당해 상표의 등록을 배제하고 있다.

● **부등록사유**

1. 국가의 국기(國旗) 및 국제기구의 기장(記章) 등으로서 다음 각 목의 어느 하나[75]에 해당하는 상표

---

75) 다음 각 목의 어느 하나란 ① 대한민국의 국기, 국장(國章), 군기(軍旗), 훈장, 포장(褒章), 기장, 대한민국이나 공공기관의 감독용 또는 증명용 인장(印章)·기호와 동일·유사한 상표, ②「공업소유권의 보호를 위한 파리 협약」(이하 "파리협약"이라 한다) 동맹국, 세계무역기구 회원국 또는 「상표법조약」 체약국(이하 이 항에서 "동맹국 등"이라 한다)의 국기와 동일·유사

2. 국가・인종・민족・공공단체・종교 또는 저명한 고인(故人)과의 관계를 거짓으로 표시하거나 이들을 비방 또는 모욕하거나 이들에 대한 평판을 나쁘게 할 우려가 있는 상표

3. 국가・공공단체 또는 이들의 기관과 공익법인의 비영리 업무나 공익사업을 표시하는 표장으로서 저명한 것과 동일・유사한 상표. 다만, 그 국가 등이 자기의 표장을 상표등록출원한 경우에는 상표등록을 받을 수 있다.

4. 상표 그 자체 또는 상표가 상품에 사용되는 경우 수요자에게 주는 의미와 내용 등이 일반인의 통상적인 도덕관념인 선량한 풍속에 어긋나는 등 공공의 질서를 해칠 우려가 있는 상표

5. 정부가 개최하거나 정부의 승인을 받아 개최하는 박람회 또는 외국정부가 개최하거나 외국정부의 승인을 받아 개최하는 박람회의 상패・상장 또는 포장과 동일・유사한 표장이 있는 상표. 다만, 그 박람회에서 수상한 자가 그 수상한 상품에 관하여 상표의 일부로서 그 표장을 사용하는 경우에는 상표등록을 받을 수 있다.

6. 저명한 타인의 성명・명칭 또는 상호・초상・서명・인장・아호(雅號)・예명(藝名)・필명(筆名) 또는 이들의 약칭을 포함하는 상표. 다만, 그 타인의 승낙을 받은 경우에는 상표등록을 받을 수 있다.

7. 선출원(先出願)에 의한 타인의 등록상표(등록된 지리적 표시 단

한 상표, ③ 국제적십자, 국제올림픽위원회 또는 저명(著名)한 국제기관의 명칭, 약칭, 표장과 동일・유사한 상표. 다만, 그 기관이 자기의 명칭, 약칭 또는 표장을 상표등록출원한 경우에는 상표등록을 받을 수 있다. ④ 파리협약 제6조의3에 따라 세계지식재산권기구로부터 통지받아 특허청장이 지정한 동맹국 등의 문장(紋章), 기(旗), 훈장, 포장 또는 기장이나 동맹국 등이 가입한 정부 간 국제기구의 명칭, 약칭, 문장, 기, 훈장, 포장 또는 기장과 동일・유사한 상표. 다만, 그 동맹국 등이 가입한 정부 간 국제기구가 자기의 명칭・약칭, 표장을 상표등록출원한 경우에는 상표등록을 받을 수 있다. ⑤ 파리협약 제6조의3에 따라 세계지식재산권기구로부터 통지받아 특허청장이 지정한 동맹국 등이나 그 공공기관의 감독용 또는 증명용 인장・기호와 동일・유사한 상표로서 그 인장 또는 기호가 사용되고 있는 상품과 동일・유사한 상품에 대하여 사용하는 상표를 말한다(상표법 제34조 제1항 각목).

체표장은 제외한다)와 동일·유사한 상표로서 그 지정상품과 동일·
유사한 상품에 사용하는 상표

8. 선출원에 의한 타인의 등록된 지리적 표시 단체표장과 동일·유
사한 상표로서 그 지정상품과 동일하다고 인식되어 있는 상품에 사용
하는 상표

9. 타인의 상품을 표시하는 것이라고 수요자들에게 널리 인식되어
있는 상표(지리적 표시는 제외한다)와 동일·유사한 상표로서 그 타
인의 상품과 동일·유사한 상품에 사용하는 상표

10. 특정 지역의 상품을 표시하는 것이라고 수요자들에게 널리 인
식되어 있는 타인의 지리적 표시와 동일·유사한 상표로서 그 지리적
표시를 사용하는 상품과 동일하다고 인정되어 있는 상품에 사용하는
상표

11. 수요자들에게 현저하게 인식되어 있는 타인의 상품이나 영업
과 혼동을 일으키게 하거나 그 식별력 또는 명성을 손상시킬 염려가
있는 상표

12. 상품의 품질을 오인하게 하거나 수요자를 기만할 염려가 있는
상표

13. 국내 또는 외국의 수요자들에게 특정인의 상품을 표시하는 것
이라고 인식되어 있는 상표(지리적 표시는 제외한다)와 동일·유사
한 상표로서 부당한 이익을 얻으려 하거나 그 특정인에게 손해를 입
히려고 하는 등 부정한 목적으로 사용하는 상표

14. 국내 또는 외국의 수요자들에게 특정 지역의 상품을 표시하는
것이라고 인식되어 있는 지리적 표시와 동일·유사한 상표로서 부당
한 이익을 얻으려 하거나 그 지리적 표시의 정당한 사용자에게 손해
를 입히려고 하는 등 부정한 목적으로 사용하는 상표

15. 상표등록을 받으려는 상품 또는 그 상품의 포장의 기능을 확보
하는 데 꼭 필요한(서비스의 경우에는 그 이용과 목적에 꼭 필요한 경
우를 말한다) 입체적 형상, 색채, 색채의 조합, 소리 또는 냄새만으로
된 상표

16. 세계무역기구 회원국 내의 포도주 또는 증류주의 산지에 관한

지리적 표시로서 구성되거나 그 지리적 표시를 포함하는 상표로서 포도주 또는 증류주에 사용하려는 상표. 다만, 지리적 표시의 정당한 사용자가 해당 상품을 지정상품으로 하여 제36조 제5항에 따른 지리적 표시 단체표장등록출원을 한 경우에는 상표등록을 받을 수 있다.

17. 「식물신품종 보호법」 제109조에 따라 등록된 품종명칭과 동일·유사한 상표로서 그 품종명칭과 동일·유사한 상품에 대하여 사용하는 상표

18. 「농수산물 품질관리법」 제32조에 따라 등록된 타인의 지리적 표시와 동일·유사한 상표로서 그 지리적 표시를 사용하는 상품과 동일하다고 인정되는 상품에 사용하는 상표

19. 대한민국이 외국과 양자간(兩者間) 또는 다자간(多者間)으로 체결하여 발효된 자유무역협정에 따라 보호하는 타인의 지리적 표시와 동일·유사한 상표 또는 그 지리적 표시로 구성되거나 그 지리적 표시를 포함하는 상표로서 지리적 표시를 사용하는 상품과 동일하다고 인정되는 상품에 사용하는 상표

20. 동업·고용 등 계약관계나 업무상 거래관계 또는 그 밖의 관계를 통하여 타인이 사용하거나 사용을 준비 중인 상표임을 알면서 그 상표와 동일·유사한 상표를 동일·유사한 상품에 등록출원한 상표

21. 조약당사국에 등록된 상표와 동일·유사한 상표로서 그 등록된 상표에 관한 권리를 가진 자와의 동업·고용 등 계약관계나 업무상 거래관계 또는 그 밖의 관계에 있거나 있었던 자가 그 상표에 관한 권리를 가진 자의 동의를 받지 아니하고 그 상표의 지정상품과 동일·유사한 상품을 지정상품으로 하여 등록출원한 상표

(3) 상표등록출원 및 심사

1) 출원절차
㈎ 선출원주의
선출원주의란 동일한 상품을 지정상품으로 한 동일한 상표에 대하여 2인 이상의 출원인이 있는 경우에는 최우선적으로 출원한 자

에게 상표등록이 이루어진다고 하는 원칙을 말한다.[76] 이는 특허법에서 선출원주의와 선발명주의의 입법례로 나뉘는 것과 마찬가지로 상표법에서도 선출원주의와 선사용주의의 입법례로 나뉘는데, 우리나라의 상표법은 선출원주의를 채택하고 있다.

즉, "동일·유사한 상품에 사용할 동일·유사한 상표에 대하여 다른 날에 둘 이상의 상표등록출원이 있는 경우에는 먼저 출원한 자만이 그 상표를 등록받을 수 있다"(상표법 제35조 제1항)고 규정하여 선출원주의를 취하고 있음을 알 수 있다.[77] 나아가 동일·유사한 상품에 사용할 동일·유사한 상표에 대하여 같은 날에 둘 이상의 상표등록출원이 있는 경우에는 출원인의 협의에 의하여 정하여진 하나의 출원인만이 그 상표에 관하여 상표등록을 받을 수 있으며, 협의가 성립하지 아니하거나 협의를 할 수 없는 때에는 특허청장이 행하는 추첨에 의하여 결정된 하나의 출원인만이 상표등록을 받을 수 있다(같은 조 제2항). 특허청장은 이 경우 출원인에게 기간을 정하여 협의의 결과를 신고할 것을 명하고, 그 기간 내에 신고가 없는 경우에는 제2항에 따른 협의는 성립되지 아니한 것으로 본다(같은 조 제4항).

하지만 상표등록출원이 ① 포기 또는 취하된 경우, ② 무효로 된 경우, ③ 제54조에 따른 상표등록 거절결정 또는 거절한다는 취지의 심결이 확정된 경우 중의 어느 하나에 해당되는 경우에는 그 상표등록출원은 제1항 및 제2항을 적용할 때에 처음부터 없었던 것으로 본다(같은 조 제3항). 또한 위의 제1항과 제2항에 대하여 ① 동

---

76) 정상조·박준석, 앞의 책, 574쪽.
77) 선출원주의에서 누가 먼저 출원하였는지를 결정하는 것은 통상 상표등록 출원서가 현실적으로 특허청에 도달한 날을 기준으로 하지만(상표법 제28조 제1항), 요지변경이 아닌 출원의 보정, 분할출원과 변경출원의 경우에는 각각 원출원일로 소급해서 판단한다(같은 법 제44조·제45조)[정상조·박준석, 위의 책, 574쪽].

일(동일하다고 인정되는 경우를 포함한다)하지 아니한 상품에 대하여 동일·유사한 표장으로 둘 이상의 지리적 표시 단체표장 등록출원 또는 지리적 표시 단체표장 등록출원과 상표 등록출원이 있는 경우, ② 서로 동음이의어 지리적 표시에 해당하는 표장으로 둘 이상의 지리적 표시 단체표장등록출원이 있는 경우에는 적용하지 아니한다(같은 조 제5항).

㈐ 1상표 1출원주의

상표의 등록출원을 하려는 자는 상품류의 구분에 따라 1류 이상의 상품을 지정하여 1상표마다 1출원을 하여야 한다(같은 법 제38조 제1항). 동일인이 동일한 상표에 지정상품 중 일부 또는 전부를 동일하게 기재하여 중복출원한 때에는 후출원은 1상표 1출원주의 위반을 이유로 등록이 거절된다. 1상표 1출원주의 위반은 등록무효 사유로는 규정되어 있지 아니하다(같은 법 제117조 제1항 제1호).[78]

㈑ 상품의 지정

상표는 상품이나 서비스의 출처표시로 사용하는 것이므로 상표의 등록에는 그 상표가 사용되는 상품이나 서비스를 지정해야 한다. 상표법이 개정되기 이전에는 상표법상 상품류 구분 내에서 상품을 지정하도록 하는 1류 1출원의 원칙에 따르고 있었으나, 1997년 8월 22일 개정된 상표법은 출원인의 출원비용 부담을 줄여주고 출원인의 편의를 도모하기 위하여 다수의 상품류 구분에 해당되는 지정상품들을 함께 기재하여 상표등록을 받을 수 있도록 하고 있다(구 상표법 제10조 제1항 현행 제38조 제1항).[79]

---

78) 조영선, 「지적재산권법」(박영사, 2019), 438쪽.
79) 정상조·박준석, 앞의 책, 575쪽.

㈜ 출원보정 등의 절차

상표등록출원인은 상표출원 시 결함이나 오류를 수정하기 위한 보정, 2 이상의 상품을 지정상품으로 출원한 경우 2 이상의 출원으로 나누는 분할, 상표등록출원을 서비스 등록출원이나 단체표장 등록출원으로 또는 그 반대로 바꾸는 변경 등의 행위를 할 수 있고 이러한 보정, 분할, 변경 등의 절차상 행위는 특허법의 절차와 완전히 일치하지는 않지만 유사한 면이 많이 있다. 한편 2010년 상표법의 개정으로 새로이 직권보정 제도를 도입하였다. 이는 등록출원서 등에 명백한 오기 등으로 판단되는 사항이 있어도 종전에는 심사관이 직권으로 정정할 수 있는 근거 규정이 없어 불편하였는데, 이 제도의 도입으로 명백한 오기 등에 대해서는 출원인에게 보정요구서를 발송하지 아니하고도 심사관이 직권으로 정정할 수 있도록 한 것이다.[80]

㈜ 출원인의 권리

상표등록출원인은 출원 및 심사절차에서 상표법상 보정 또는 변경 등에 관한 권리, 의견서를 제출할 수 있는 권리 그리고 상표등록의 요건을 갖추면 상표등록을 요구할 수 있는 권리 등의 다양한 절차상 권리를 가지고 있다. 따라서 출원인의 지위가 승계되어서 출원인의 명의가 바뀌면 그러한 절차상 권리는 당연히 승계인이 행사할 수 있게 된다. 다만, 상표법상 출원인에게 주어진 권리와 의무는 특허청과의 관계에서 가지는 권리의무이므로 상표법은 출원인 변경신고를 해야 승계의 효력이 발생한다고 규정하고 있다(상표법 제48조 제1항).

또한 상표법은 상표출원인에게 절차상 권리뿐만 아니라 상표등록 이전까지의 임시의 보호를 위해서 손실보상청구권도 부여해 주고 있다(같은 법 제58조). 상표법이 출원인에게 부여한 손실보상청구권은 출원공고 이후 상표권설정등록 시까지의 기간 동안 발생한

---

80) 정상조 · 박준석, 위의 책, 575-576쪽.

'상표사용'에 관한 업무상 손실을 보상하기 위한 것이므로 손실보상청구권은 상표출원인이 상표를 현실적으로 사용하고 있을 것을 전제로 해서 부여된 권리라고 할 수 있다. 상표출원인이 상표를 사용해 온 경우에는 상표법뿐만 아니라 부정경쟁방지법에 의한 청구권도 행사할 수 있다.[81]

2) 심사절차[82]

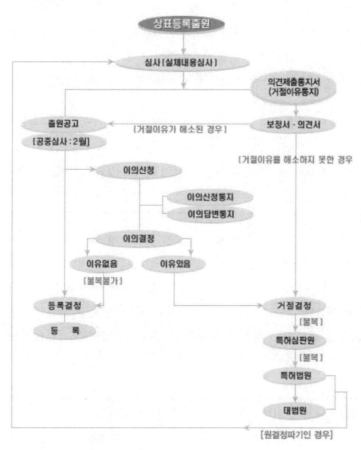

---

81) 정상조 · 박준석, 위의 책, 576-577쪽.

82) https://www.kipo.go.kr/kpo/HtmlApp?c=10003&catmenu=m06_03_01.

(4) 상표권

1) 상표권의 존속기간

상표권은 설정등록에 의하여 발생하는데 상표권의 존속기간은 설정등록이 있는 날로부터 10년이며(상표법 제83조 제1항), 상표권의 존속기간 갱신등록 출원에 의하여 10년간씩 그 기간을 갱신할 수 있으므로 계속 사용을 하는 한 반영구적인 효력을 갖는다(같은 조 제2항). 상표권의 존속기간을 갱신하고자 할 경우에는 상표권의 존속기간 만료 전 1년 이내에 상표권 존속기간 갱신등록 신청을 하여야 한다. 존속기간이 만료된 후라도 6개월이 경과하기 이전에는 상표권의 존속기간 갱신 등록출원을 할 수 있다(같은 법 제84조 제2항).[83]

2) 상품분류전환등록

종전의 법(법률 제5355호 상표법중 개정 법률로 개정되기 전의 것을 말한다) 제10조 제1항에 따른 통상산업부령으로 정하는 상품류의 구분에 따라 상품을 지정하여 상표권의 설정등록, 지정상품의 추가등록 또는 존속기간 갱신등록을 받은 상표권자는 해당 지정상품을 상품류의 구분에 따라 전환하여 등록을 받아야 한다. 다만, 법률 제5355호 상표법 중 개정 법률 제10조 제1항에 따른 통상산업부령으로 정하는 상품류의 구분에 따라 상품을 지정하여 존속기간 갱신 등록을 받은 자는 그러하지 아니하다. 제1항에 따른 상품분류전환 등록을 받으려는 자는 상품분류전환 등록신청서를 특허청장에게 제출하여야 한다(상표법 제209조 제1항·제2항).

● **상품분류전환 등록신청서의 기재사항**

　1. 신청인의 성명 및 주소(법인인 경우에는 그 명칭 및 영업소의 소

---

[83] https://www.kipo.go.kr/kpo/HtmlApp?c=10003&catmenu=m06_03_01.

재지를 말한다)

　2. 신청인의 대리인이 있는 경우에는 그 대리인의 성명 및 주소나 영업소의 소재지[대리인이 특허법인인 경우에는 그 명칭, 사무소의 소재지 및 지정된 변리사의 성명을 말한다]

　3. 등록상표의 등록번호

　4. 전환하여 등록받으려는 지정상품 및 그 상품류

상품분류전환등록신청은 상표권의 존속기간이 만료되기 1년 전부터 존속기간이 만료된 후 6개월 이내의 기간에 하여야 하며(같은 조 제3항), 상표권이 공유인 경우에는 공유자 전원이 공동으로 상품분류전환등록을 신청하여야 한다(같은 조 제4항).

3) 상표권 등의 이전 및 공유

㈎ 상표권

상표권은 그 지정상품마다 분할하여 이전할 수 있는데, 이 경우 유사한 지정상품은 함께 이전하여야 한다(상표법 제93조 제1항). 만약 상표권이 공유인 경우에는 각 공유자는 다른 공유자 모두의 동의를 받지 아니하면 그 지분을 양도하거나 그 지분을 목적으로 하는 질권을 설정할 수 없으며, 또한 각 공유자는 다른 공유자 모두의 동의를 받지 아니하면 그 상표권에 대하여 전용사용권 또는 통상사용권도 설정할 수 없다(같은 조 제2항·제3항).

㈏ 업무표장권

업무표장권은 그 업무와 함께 양도하는 경우가 아닌 한 양도할 수 없다(같은 조 제4항).

㈐ 상표등록을 받을 수 없는 상표의 예외

상표등록을 받을 수 없는 상표지만, 위의 제34조(상표등록을 받을 수 없는 상표) 제1항 제1호 다목 단서, 같은 호 라목 단서 또는 같은 항 제3호 단서의 경우 예외적으로 상표등록을 받을 수 있는데, 이렇게 등록된 상표권도 이전할 수 없다. 다만, 제34조 제1항 제1호 다목·라목 또는 같은 항 제3호의 명칭, 약칭 또는 표장과 관련된 업무와 함께 양도하는 경우에는 그러하지 아니하다(같은 조 제5항).

(라) 단체표장권

단체표장권은 이전할 수 없다. 다만, 법인의 합병의 경우에는 특허청장의 허가를 받아 이전할 수 있다(같은 조 제6항).

(마) 증명표장권

증명표장권은 이전할 수 없다. 다만, 해당 증명표장에 대하여 제3조 제3항에 따라 등록받을 수 있는 자에게 그 업무와 함께 이전할 경우에는 특허청장의 허가를 받아 이전할 수 있다(같은 조 제7항).

(바) 업무표장권

업무표장권, 제34조(상표등록을 받을 수 없는 상표) 제1항 제1호 다목 단서, 같은 호 라목 단서 또는 같은 항 제3호 단서에 따른 상표권, 단체표장권 또는 증명표장권을 목적으로 하는 질권은 설정할 수 없다(같은 조 제8항).

4) 상표의 사용권
(가) 전용사용권

상표권자는 그 상표권에 관하여 타인에게 전용사용권을 설정할 수 있다(상표법 제95조 제1항). 다만, 업무표장권, 단체표장권 또는 증명표장권에 대하여는 전용사용권을 설정할 수 없다(같은 조 제2항). 전용사용권자는 설정행위로 정한 범위 내에서 지정상품에 관한 등록상표를 사용할 독점적 권리를 갖게 된다(같은 조 제3항). 따

라서 전용사용권자는 상표권자와 마찬가지로 타인이 등록상표와
동일하거나 이와 유사한 상표를 그 지정상품과 동일하거나 이와
유사한 상품에 사용하는 등의 권리침해에 대하여 금지 또는 예방
을 청구할 수 있다. 또한 상표권자의 동의를 얻어 그 전용사용권을
타인에게 이전하거나 통상사용권을 설정할 수 있다. 전용사용권의
설정 · 이전 등은 등록하지 아니하면 제3자에게 대항할 수 없으며
(등록은 제3자 대항요건), 전용사용권자는 등록상표를 사용하는 상품
에 자기의 성명 또는 명칭을 표시하여야 한다.[84]

㈏ 통상사용권

상표권자 또는 전용사용권자는 타인에게 그 상표권에 관하여 통
상사용권을 설정할 수 있으며(상표법 제97조 제1항), 통상사용권자는
설정행위로 정한 범위 내에서 지정상품에 관하여 등록상표를 사용
할 권리를 가진다(같은 조 제2항). 또한 상표권자 및 전용사용권자의
동의를 얻어 그 통상사용권을 타인에게 이전할 수도 있다(같은 조
제3항). 통상사용권의 설정 · 이전 등은 등록하지 아니하면 제3자에
게 대항할 수 없으며(등록은 제3자 대항요건), 통상사용권자는 등록상
표를 사용하는 상품에 자기의 성명 또는 명칭을 표시하여야 한다.
나아가 통상사용권자는 지정상품에 등록상표를 사용할 권리만 가
지므로 권리침해에 대한 금지청구권은 없으며, 상표권자나 전용사
용권자만이 권리침해에 대한 금지청구 등을 할 수 있다.[85]

5) 상표권자의 보호 및 침해에 대한 구제방법
㈎ 상표권의 효력
상표를 등록할 경우 상표권자는 적극적으로 지정상품에 관하여

---

84) https://www.kipo.go.kr/kpo/HtmlApp?c=10003&catmenu=m06_03_01.
85) 위의 사이트.

그 등록상표를 독점적으로 사용할 권리(적극적 효력), 타인이 등록상표와 동일 또는 유사한 상표를 사용하는 경우 그 사용을 금지할 수 있는 금지권을 행사할 수 있으며 아울러 타인이 자기의 등록상표 또는 등록상표와 유사한 상표를 사용하는 등 상표권을 침해하는 경우 상표권자는 그 자를 상대로 하여 침해금지청구권·손해배상청구권 등을 행사(소극적 효력)할 수 있다.[86]

(나) 상표권의 침해로 보는 행위

상표권의 침해로 보는 행위란 타인이 정당한 권한 없이 등록상표와 동일 또는 유사한 상표를 그 지정상품과 동일 또는 유사한 상품에 사용하는 경우를 말한다.[87] 상표권의 침해가 성립하기 위해서는 상표의 사용이 상표의 본질적인 기능인 출처표시를 위한 것이어야 한다. 따라서 형식적으로 유사범위의 상표를 사용했으나 설명적 문구로 사용하거나 단순히 디자인적으로 사용한 경우는 상표의 사용에 해당되지 않는다. 나아가, 상표법은 직접적인 침해에 해당하지 않더라도 등록상표와 동일·유사한 상표를 그 지정상품과 동일·유사한 상품에 사용하거나 사용하게 할 목적으로 교부·판매·위조·모조·소지하거나 위조·모조를 위하여 용구를 제작·교부·판매·소지하는 행위 등을 침해로 보고 있다(같은 법 제108조 제1항).[88]

---

86) 위의 사이트.
87) 여기서 '상표의 사용'이란 ㉠ 상품 또는 상품의 포장에 상표를 표시하는 행위, ㉡ 상품 또는 상품의 포장에 상표를 표시한 것을 양도 또는 인도하거나 양도 또는 인도할 목적으로 전시·수출 또는 수입하는 행위, ㉢ 상품에 관한 광고·정가표(定價表)·거래서류, 그 밖의 수단에 상표를 표시하고 전시하거나 널리 알리는 행위를 말한다(상표법 제2조 제1항 제11호).
88) 손승우, 앞의 책, 343-344쪽.

⒟ 상표권의 침해에 대한 구제방법

상표권자는 상표침해행위에 대하여 민사적 구제, 형사적 구제 및 행정적 구제 방법이 있다. 민사적 구제로는 침해금지청구권, 손해배상청구권, 가처분, 가압류, 신용회복조치 청구 등이 있으며, 형사적 구제(비친고죄)로는 침해죄, 몰수 등이 있으며, 행정적 구제로는 위조상품의 단속, 세관에 의한 국경조치, 산업재산권 분쟁조정제도 등이 있다.[89] 실무적으로는 상표권 침해자에게 경고장[90]을 발송하는 것만으로도 사건이 종결되는 경우가 많다.[91]

6. 특허권, 실용신안권, 디자인권, 상표권의 비교와 관련 예

구 분	특 허	실용신안	디자인	상 표
정 의	자연법칙을 이용한 기술적 사상의 창작으로서 발명수준이 고도화된 것(대발명)	자연법칙을 이용한 기술적 사상의 창작으로서 물품의 형상·구조·조합에 관한 실용 있는 고안 (소발명)	물품의 형상·모양·색채 또는 이들의 결합한 것으로서 시각을 통하여 미감을 느끼게 하는 것	타인의 상품과 식별하기 위하여 사용되는 기호·문자·도형·입체적 형상·색채·홀로그램·동작 또는 이들을 결합한 것
보 기 (전화기)	벨이 전자를 응용하여 처음으로 전화기를 생각해 낸 것	분리된 송수화기를 하나로 하여 편리하게 한 것	탁상전화기를 반구형이나 네모꼴로 한 것	전화기 제조회사가 제품이나 포장 등에 표시하는 상호·마크
존속 기간	설정등록일로부터, 출원일 후 20년까지	설정등록일로부터, 출원일 후 10년까지 (구법 적용 분은 15년)	설정등록일로부터 15년까지	설정등록일로부터 10년(10년마다 갱신 가능, 반영구적 권리)

| 출처 | http://www.samili.com/mImage/etc/organ/2012/smb/intellectual-2-1-1.pdf.

---

89) https://www.kipo.go.kr/kpo/HtmlApp?c=10003&catmenu=m06_03_01.
90) 경고장이란 침해사실과 함께 로열티 요구나 침해중지 같은 요구사항을 알리는 문서로 보통은 경고장을 받은 순간부터 고의로 추정되어 침해자의 책임이 더 커지게 된다.
91) 손승우, 앞의 책, 344쪽.

관련 예

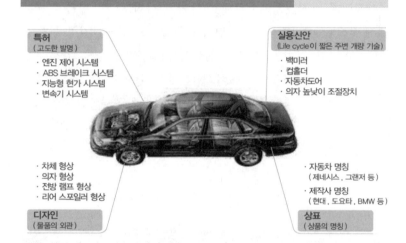

특허
(고도한 발명)
· 엔진 제어 시스템
· ABS 브레이크 시스템
· 지능형 현가 시스템
· 변속기 시스템

실용신안
(Life cycle이 짧은 주변 개량 기술)
· 백미러
· 컵홀더
· 자동차도어
· 의자 높낮이 조절장치

· 차체 형상
· 의자 형상
· 전방 램프 형상
· 리어 스포일러 형상

· 자동차 명칭
(제네시스 , 그랜저 등)
· 제작사 명칭
(현대 , 도요타 , BMW 등)

디자인
(물품의 외관)

상표
(상품의 명칭)

제3절
저작권

1. 저작권의 개념

저작권(著作權, copyright 카피라이트)이란 "인간의 사상 또는 감정
을 표현한 창작물"에 대하여 주어진 배타적인 권리를 말한다(저작
권법 제2조 제1호). 특허, 실용신안이 기술에 관한 것이라면, 저작권
은 문학, 학술, 예술의 범주에 속하는 창작물에 대한 배타적인 권리
라는 점에서 차이가 있다. 여기서 저작물이라 함은 종래 "문학, 학
술 또는 예술의 범위에 속하는 창작물"에 한정하였으나, 2006년 저
작권법의 개정으로 "인간의 사상 또는 감정을 표현한 창작물"로 변
경함으로써 그동안 문학, 학술 또는 예술의 범위에 포함되지 않는
데이터베이스, 컴퓨터 프로그램 등도 저작물에 포함되었다.[92] 이
러한 저작권은 저작물의 이용으로부터 발생하는 경제적 이익을 보
호하기 위한 것으로 아래 표에서 보는 바와 같이 물건에 대한 배타
적 권리인 소유권과 구별된다.[93]

---

92) 손승우, 앞의 책, 19쪽.
93) 손승우, 위의 책, 19-20쪽.

	소유권	저작권
공통점	사용 · 수익 · 처분 권능이 있는 배타적인 권리	
차이점	- 유형의 물건 위에 성립하는 권리 - 하나의 물건에 2인 이상이 같은 내용의 권리를 가질 수 없고, 여러 장소에서 동시 사용이 불가능(물리적 제한) - 유체물이 존속하는 동안 영구히 존속하는 권리	- 저작자의 정신적 창작활동의 산물인 저작물에 대하여 성립하는 권리 - 1개의 저작물(소설)을 다양한 형태(영화 · 연극)로 여러 사람이 사용 가능하고, 권리의 다발 중 일부만 분리 양도 가능(가분성) - 보호기간 제한(유한성) - 권리행사 제한(공공성)

2. 저작물의 종류

(1) 보호받는 저작물

저작권법에 의하면, 보호되는 저작물로 9가지의 종류를 예시적으로 열거하고 있다. 즉, ① 말과 글로 표현되는 어문저작물, ② 음에 의해 표현되는 음악저작물, ③ 연극 및 무용 · 무언극 등과 같이 동작에 의하여 표현되는 연극저작물, ④ 회화 · 서예 · 조각 · 판화 · 공예 · 응용미술저작물 등과 같이 색채 또는 형상으로 표현되는 미술저작물(디자인 포함), ⑤ 건축물 · 건축을 위한 모형 및 설계도서 등과 같은 건축저작물, ⑥ 사진저작물(이와 유사한 방법으로 제작된 것 포함), ⑦ 서로 관련된 연속적 영상으로 표현된 영상저작물, ⑧ 지도 · 도표 · 설계도 · 약도 · 모형 등과 같이 도형에 의해 표현된 도형저작물, ⑨ 컴퓨터프로그램 저작물의 9가지를 제시하고 있다(저작권법 제4조). 다만, 이 규정에서 열거하는 사항은 예시적인 것으로 위의 사항에 포함되지 않는 저작물이라 하더라도 저작권법에 의하여 보호받을 수 있다.

(2) 보호받지 못하는 저작물

현행 저작권법은 원칙적으로 저작물성은 인정하면서 공중의 자유 이용에 제공하여야 한다고 한다. 다만, 일부 저작물은 보호받지 못하는 저작물로 정하여 처음부터 일반 국민들이 공유할 수 있도록 하였다(저작권법 제7조).[94]

● **저작권법상 보호받지 못하는 저작물**

① 헌법 · 법률 · 조약 · 명령 · 조례 및 규칙
② 국가나 지방자치단체의 고시 · 훈령 · 공고 등
③ 법원의 판결 · 결정 · 명령 및 심판이나 행정심판절차, 그 밖의 이와 유사한 절차에 의한 의결 · 결정 등
④ 국가 또는 지방자치단체가 작성한 것으로서 상기의 편집물 또는 번역물
⑤ 사실의 전달에 불과한 시사보도

물론 보호받지 못하는 저작물의 편집일지라도 이들의 선택 · 배열 등에 창작성이 인정된다면 별도의 편집저작물로서 보호될 수 있다. 한편 위의 보호받지 못하는 저작물 중의 "사실의 전달에 불과한 시사보도"란 시사성을 띤 소재를 기자 등이 주관적인 비평이나 논평 없이 그대로 전달하는 것을 말하며, 단순한 시사보도에 함께 게재된 사진의 학술 · 예술적 창작성을 인정할 수 있다면 그 사진만 따로 보호의 대상이 될 수 있다.[95]

---

94) 저작권법 제7조 1호-5호.
95) http://www.ayventure.net/content/contents.do?menuId=1037.

3. 저작자와 저작권자

(1) 저작자와 저작권

저작자는 저작물을 실제로 창작한 사람을 말한다(저작권법 제2조 제2호). 그런데 실제로 창작한 사람이 누구인가를 구체적으로 파악하기는 쉽지 않다. 따라서 저작자의 원작품이나 그 복제물에 성명이나 예명이 표시된 자를 저작자로 보고 그 자가 저작권을 갖는 것으로 추정하고 있다.[96) 만약 저작물에 이러한 표시가 없는 경우에는 그 작품의 발행자나 공연자가 그 저작물에 대한 저작권을 갖는 것으로 추정된다(같은 법 제8조).

(2) 저작자와 창작자가 다른 경우

회사 등에서 업무상 만들어 낸 저작물로서 '법인 등의 명의'로 공표되는 경우에는 실제의 창작자와 작품에 표시된 저작자가 다를 수 있는데, 이를 '업무상 저작물'이라고 한다. 이러한 업무상 저작물의 저작자와 관련하여 계약 또는 근무규칙 등에 다른 정함이 없는 때에는 법인 등이 저작자가 된다. 다만, 컴퓨터프로그램 저작물의 경우에는 공표되는 것을 요하지 않는다(같은 법 제9조).

영상저작물도 창작자와 저작권자가 다른 경우가 존재한다. 즉, 영상저작물은 원작자, 시나리오작가, 감독, 배우, 촬영자, 작곡가, 미술가 등 여러 사람들의 공동작업으로 제작되는 종합예술작품이다. 그런데 이와 관련한 창작자 모두가 저작자로 인정된다면 이 영상저작물은 유통이 거의 불가능할 것이다. 이에 저작권법은 원칙적으로 영상제작자가 이에 대한 권리를 행사하게 된다고 규정하고

---

96) 대작의 경우에는 직접 저작물을 제작한 자가 아닌 저작명의자가 저작자로 추정된다(손승우, 앞의 책, 35쪽).

있다(같은 법 제100조). 그렇지만 영상저작물에 포함된 음악, 시나리오 등을 개별 저작물로서 이용할 때에는 음악가, 시나리오작가 등이 저작권자로 별도의 권리를 행사할 수 있다.[97]

(3) 저작자와 저작권자가 다른 경우

원칙상 저작자가 저작권자가 되나, 저작권을 양도하거나 상속하게 되면 저작자와 저작권자가 분리된다(같은 법 제45조). 이러한 경우 저작물의 저작권(저작인격권)은 저작자에게 있고, 양도인이나 상속인 등은 그 저작물에 대한 저작(재산)권을 갖게 된다. 나아가 공모에 의한 저작물의 당선, 다른 사람의 부탁을 받고 저작물을 작성하여 그 촉탁자의 명의로 이를 공표하는 경우, 초상화를 부탁하거나 사진을 찍는 경우 등은 당사자 간의 계약에 따라 저작권의 귀속 여부가 결정되어 처음부터 저작자와 저작권자가 분리될 수 있다.[98] 또한 2인 이상이 공동으로 저작물을 창작한 경우[99]에는 그 저작물에 대한 저작권은 각자가 기여한 부분의 비율에 따르지만, 그 비율이 증명하기 곤란한 때에는 각자의 비율은 균등한 것으로 추정한다. 공동저작물의 저작재산권의 행사는 저작자 전원의 합의에 의해서만 가능하다(같은 법 제15조 및 제48조).[100]

---

97) http://www.ayventure.net/content/contents.do?menuId=1037.

98) 위의 사이트.

99) 2인 이상의 작가가 공동 창작한 저작물은 '공동저작물'과 '결합저작물로 구분된다. 전자는 2인 이상이 공동 창작한 저작물로서 각자 부분을 분리하여 이용할 수 없는 경우를 말하고(같은 법 제2조 제21호), 후자는 공동저작물과 달리 2인 이상의 저작자가 외관상 하나의 저작물을 창작한 경우라도 각자의 기여분이 분리되어 이용할 수 있는 경우를 말한다(손승우, 앞의 책, 36-37쪽).

100) 지분권은 다른 공동저작자들의 동의가 있을 때에는 양도하거나 포기할 수 있고, 공동저작자 중의 1인에게 지분권이 집중될 경우 저작재산권은 다른 공동저작자들로부터 분리되어 그 1인이 모두 행사하게 된다.

4. 저작자의 권리와 그 제한

(1) 저작자의 권리

저작자의 권리는 저작인격권과 저작재산권으로 구분된다. 전자는 창작자의 인격적 권리로서 공표권, 성명표시권, 동일성유지권 등이 있고, 후자는 경제적 이익을 추구할 수 있는 권리로 복제권, 공연권, 전시권, 공중송신권, 배포권, 2차적 저작물의 작성권,[101] 대여권 등이 있다. 한편 저작물을 직접 창작하지 않는 가수, 음반제작자, 방송사 등에 대해서는 저작물에 대한 해석 및 전달자로서 창작의 가치를 증진시키는 데에 대한 권리가 주어지는데, 이를 '저작인접권'이라고 한다. 저작인접권자들은 저작권의 일부에 대한 권리를 갖는다. 프로그램저작권의 경우는 저작인격권과 저작재산권을 포함하나 저작인접권은 존재하지 아니한다.[102]

저작자의 권리

(협의) 저작권	저작재산권	복제권, 공연권, 공중송신권, 전시권, 배포권, 대여권, 2차적 저작물의 작성권
	저작인격권	공표권, 성명표시권, 동일성 유지권
저작인접권	실연	성명표시권, 동일성 유지권, 복제권, 배포권, 공연권, 방송권, 전송권, 보상청구권, 대여권
	음반	복제·배포권, 전송권, 보상청구권
	방송	복제 및 동시중계 방송권, 공연권

---

101) 2차적 저작물에 대한 권리는 2차적 저작물의 작성권과 2차적 저작물에 대한 저작권으로 구분된다. 전자는 원저작자의 권리이고, 후자는 그것을 작성한 자의 권리이다. 또한 2차적 저작물을 작성함에 있어서 원저작자의 동의를 반드시 얻어야 되는 것은 아니다[손승우, 앞의 책, 61쪽].

102) 손승우, 위의 책, 48-49쪽.

● **저작인접권**[103]

① **개념**

저작인접권이란 저작물을 직접적으로 창작하는 것은 아니지만 저작물의 해설자, 매개자, 전달자로서 역할을 하는 자에게 부여되는 권리를 말하며, 이 권리의 보호를 받는 자는 실연자, 음반제작자, 방송사업자 등이 있다.

② **보호 대상(같은 법 제64조)**

실연	가. 대한민국 국민(대한민국 법률에 따라 설립된 법인 및 대한민국 내에 주된 사무소가 있는 외국법인을 포함한다. 이하 같다)이 행하는 실연
	나. 대한민국이 가입 또는 체결한 조약에 따라 보호되는 실연
	다. 제2호 각 목의 음반에 고정된 실연
	라. 제3호 각 목의 방송에 의하여 송신되는 실연(송신 전에 녹음 또는 녹화되어 있는 실연을 제외한다)
음반	가. 대한민국 국민을 음반제작자로 하는 음반
	나. 음이 맨 처음 대한민국 내에서 고정된 음반
	다. 대한민국이 가입 또는 체결한 조약에 따라 보호되는 음반으로서 체약국 내에서 최초로 고정된 음반
	라. 대한민국이 가입 또는 체결한 조약에 따라 보호되는 음반으로서 체약국의 국민(당해 체약국의 법률에 따라 설립된 법인 및 당해 체약국 내에 주된 사무소가 있는 법인을 포함한다)을 음반제작자로 하는 음반
방송	가. 대한민국 국민인 방송사업자의 방송
	나. 대한민국 내에 있는 방송설비로부터 행하여지는 방송
	다. 대한민국이 가입 또는 체결한 조약에 따라 보호되는 방송으로서 체약국의 국민인 방송사업자가 당해 체약국 내에 있는 방송설비로부터 행하는 방송

---

103) http://www.ayventure.net/content/contents.do?menuId=1044.

③ 저작인접권의 내용

- 실연자의 권리

실연자라 함은 저작물을 연기·무용·연주·가창·구연·낭독 그 밖의 예능적 방법으로 표현하거나 저작물이 아닌 것을 이와 유사한 방법으로 표현하는 실연을 하는 자를 말한다. 이러한 실연자는 자신의 실연에 대하여 성명표시권, 동일성유지권을 가지며, 재산권으로는 복제권, 배포권(실연의 복제물이 실연자의 허락을 받아 판매 등의 방법으로 거래에 제공되는 경우 제외), 대여권(그의 실연이 판매용 음반을 영리를 목적으로 대여 하는 경우), 공연권(그 실연이 방송되는 실연인 경우 제외), 방송권(실연자의 허락을 받아 녹음된 경우 제외), 전송권, 판매용 음반에 대한 방송보상청구권, 판매용 음반에 대한 디지털음성송신보상청구권, 판매용 음반에 대한 공연보상청구권을 가진다.

특히 저작권법상 실연자의 보상금청구권은 '실연을 업으로 하는 자'로 구성된 단체가 행사하도록 하고 있다. 물론 저작권법상 그 단체의 소속원이 아닌 실연자라도 그 단체에 요청하면 보상금청구권을 대신 행사해 주도록 규정하고 있어서 실연자가 반드시 그 단체에 가입해야 하는 것은 아니다. 한편, 2인 이상이 공동으로 합창, 합주 또는 연극 등을 실연한 경우에는 그 실연자의 권리는 대표자가 이를 행사하며, 대표자가 없는 경우는 지휘자 또는 연출자 등이 이를 행사한다. 그러나 독창 또는 독주가 함께 실연된 경우에는 반드시 독창자 또는 독주자의 동의를 받아야 한다.

- 음반제작자의 권리

음반제작자는 음반의 복제권, 배포권(음반의 복제물이 음반제작자의 허락을 받아 판매 등의 방법으로 거래에 제공된 경우 제외), 대여권(판매용 음반을 영리를 목적으로 대여하는 경우), 전송권, 판매용 음반에 대한 방송보상청구권, 판매용 음반에 대한 디지털음성송신보상청구권, 판매용 음반에 대한 공연보상청구권을 가진다. 보상청구권의 행사 방법은 실연자의 경우와 같다.

- 방송사업자의 권리

방송사업자란 방송을 업으로 하는 자를 말한다(같은 법 제2조 제9

호). 여기서 방송이란 공중송신 중 공중이 동시에 수신하게 할 목적으로 음·영상 또는 음과 영상 등을 송신하는 것을 말한다(같은 법 제2조 제8호). 방송사업자는 그의 방송을 복제할 권리와 동시중계방송할 권리가 있다. 또한 공중의 접근이 가능한 장소에서 방송의 시청과 관련하여 입장료를 받는 경우에 그 방송에 대한 공연할 권리를 갖는다. 방송사업자의 공연권과 관련하여 방송사업자의 공연권은 입장료를 받고 TV 방송을 시청하게 하는 경우에만 적용되므로 음식점이나 호프집과 같은 일반 영업장에서 TV을 시청할 수 있도록 하는 것에 대해서는 적용되지 않는다.

④ 저작인접권의 제한 및 등록

저작인접권도 저작권과 마찬가지로 일정한 경우에는 그 권리의 행사가 제한되며, 저작인접권의 등록 역시 저작권 등록 규정이 그대로 준용된다.

저작권과 저작인접권의 비교[104]

구분	저 작 권	저 작 인 접 권
정의	사람의 생각이나 감정을 표현한 결과물에 대하여 그 표현한 사람에게 주는 권리로 저작인격권과 저작재산권으로 구분됨	글자 그대로 저작권에 인접한, 저작권과 유사한 권리로서 이 권리는 실연자(배우, 가수, 연주자), 음반제작자 및 방송사업자에게 귀속됨
예시	소설가가 소설작품을 창작한 경우에 원고 그대로 출판·배포할 수 있는 복제·배포권과 함께 그 소설을 영화나 번역물 등과 같이 다른 형태로 저작할 수 있는 2차 저작물 작성권. 연극 등으로 공연할 수 있는 공연권 등	▪ 실연자가 그의 실연을 녹음 또는 녹화하거나 사진으로 촬영할 권리 ▪ 음반제작자는 음반을 복제·배포할 권리 ▪ 방송사업자는 그의 방송을 녹음·녹화·사진 등의 방법으로 복제하거나 동시 중계방송할 권리
보호기간	▪ 사람이 저작자인 경우에는 저작물을 창작한 때로부터 시작되어 저작자가 살아있는 동안과 죽은 다음부터 50년간 ▪ 법인이나 단체가 저작자인 경우는 공표한 다음해부터 50년간	▪ 실연의 경우 그 실연을 할 때부터 50년간 ▪ 음반의 경우에는 음을 최초로 음반에 고정한 때로부터 50년간 ▪ 방송의 경우에 방송을 한 때부터 50년간

---

104) http://www.samili.com/mImage/etc/organ/2012/smb/intellectual-2-1-1. pdf.

(2) 저작자의 권리의 제한

저작권법 제1조에 의하면, "이 법은 저작자의 권리와 이에 인접하는 권리를 보호하고, 저작물의 공정한 이용을 도모함으로써 문화 및 관련 산업의 향상발전에 이바지함을 목적으로 한다"고 하여, '저작자의 권리 보호'와 '저작물의 공정한 이용'이라는 2가지 측면에서 형평을 기할 것으로 언급하고 있다. 여기서 '저작물의 공정한 이용'이라 함은 저작자의 권리를 본질적으로 침해하지 않는 범위 내에서 이용을 의미하며, 이를 위하여 저작권법은 저작재산권의 제한, 강제허락, 보호기간의 한정 등의 제한 규정을 두고 있다.

1) 저작재산권의 제한

저작재산권이란 저작물을 배타적·독점적으로 이용할 수 있는 권리이지만, 저작권법에서는 아래와 같은 일정한 제한을 두고 있다.

> ● **저작재산권의 제한**
>
> ① 재판절차, 입법, 행정 자료를 위한 저작물의 복제(제23조)
> ② 공개적으로 행한 정치적 연설, 법정·국회·지방의회에서의 진술 등의 이용(제24조)
> ③ 학교 교육 목적 등에의 이용(제25조)
> ④ 시사보도를 위한 이용(제26조)
> ⑤ 시사적인 기사 및 논설의 복제 등(제27조)
> ⑥ 공표된 저작물의 인용(제28조)
> ⑦ 영리를 목적으로 하지 아니하는 공연·방송(제29조)
> ⑧ 사적 이용을 위한 복제(제30조)
> ⑨ 도서관 등에 보관된 자료의 복제 등(제31조)
> ⑩ 시험문제로서의 복제(제32조)
> ⑪ 시각장애인 등을 위한 점자에 의한 복제 등(제33조)
> ⑫ 방송사업자의 자체 방송을 위한 일시적 녹음·녹화(제34조)

⑬ 미술저작물 등의 일정한 장소에서의 전시 또는 복제(제35조)
⑭ 저작물 이용과정에서의 일시적 복제(제35조의2)
⑮ 저작물의 공정한 이용(제35조의3) 컴퓨터 프로그램 저작물에 대한 특례(제101조의3부터 제101조의5까지) 프로그램 기능의 조사ㆍ연구ㆍ시험 목적의 복제 등

2) 법정허락에 의한 제한

통상 다른 사람의 저작물을 이용하려면 저작권자의 허락이 필요하다. 하지만, 권리자를 알 수 없거나 권리자의 소재 파악이 불가능한 경우 등에 저작권법은 아래 사항의 경우 그 이용을 허락하고 있다. 또한 저작권자를 알 수 없거나 공익상 그 저작물의 이용이 절대 필요한 경우 등에는 보상금을 공탁하거나 지급하고 저작물을 이용할 수도 있다.[105]

● 법정허락을 한 경우(저작권법 제50조 내지 제52조)

① 저작재산권자가 불명하거나 그의 거소를 알 수 없어 협의가 불가능한 경우의 이용
② 저작물의 방송이 공익상 필요하나 저작재산권자와 협의가 성립하지 못한 경우
③ 판매용 음반의 국내 판매 3년 후 다른 판매용 음반에 수록하고자 하나 협의가 성립되지 아니하는 경우

---

5. 저작재산권의 존속기간

저작재산권은 저작자의 생존 기간과 사망 후 70년간 존속하는 것을 원칙으로 한다. 공동저작물인 경우에는 맨 마지막으로 사망

---

105) http://www.ayventure.net/content/contents.do?menuId=1040.

한 저작자를 기준으로 사후 70년간 존속한다. 다만, 무명 또는 이명 저작물인 경우, 업무상 저작물인 경우, 영상저작물인 경우와 같이 저작자의 사망 시점을 알 수 없는 경우에는 공표된 시점을 기준으로 70년간 존속한다. 이 경우 저작재산권의 보호기간의 시작점은 저작자가 사망하거나 저작물을 공표한 다음해 1월 1일부터이다. 저작재산권 보호기간이 70년으로 연장되어 시행되는 시점은 2013년 7월 1일부터이다.[106]

6. 저작재산권의 행사

저작재산권은 양도, 상속 및 저작재산권에 대한 질권 설정을 할 수 있다. 또한 타인에 대한 이용 허락을 하거나 저작물 위에 출판권을 설정하여 주고 그 대가를 받을 수도 있다.[107]

(1) 저작재산권의 양도

저작재산권은 이를 전부 또는 일부를 양도할 수 있다고 규정하고 있다(저작권법 제45조 제1항). 만약 전부양도에 대한 특약을 하지 않았다면 그 저작물의 복제권, 공연권, 공중송신권, 전시권, 배포권, 대여권만이 양도되고 2차적 저작물의 작성권은 양도되지 않은 것으로 추정된다(같은 법 제45조 제2항). 컴퓨터 프로그램의 경우에는 특약이 없다면 2차적 저작물 작성권도 함께 양도된 것으로 추정된다. 반면 일부양도의 경우에는 복제권 등 지분권만을 분리하여 개별적으로 양도할 수 있고, 지역을 지정하여 양도하거나 일정 기한을 붙여 양도할 수도 있다. 또한 저작재산권은 상속에 의해서도 이전될 수 있고, 질권 설정의 대상이 될 수도 있다.[108]

---

106) http://www.ayventure.net/content/contents.do?menuId=1041.
107) http://www.ayventure.net/content/contents.do?menuId=1042.

(2) 저작물의 이용 허락

저작재산권은 타인에게 이전하지 않고 저작자 자신이 직접 독점적으로 그 저작물을 이용하거나 타인에게 그 이용을 허락하고 그 대가를 받을 수도 있다(저작권법 제46조 제1항). 이러한 제1항의 규정에 따른 이용 허락을 받은 자는 허락받은 이용 방법 및 조건의 범위 안에서 그 저작물을 이용할 수 있으며(같은 조 제2항), 또한 제1항의 규정에 따른 허락에 의하여 저작물을 이용할 수 있는 권리는 저작재산권자의 동의 없이는 제3자에게 이를 양도할 수 없다(같은 조 제3항).

(3) 배타적 발행권과 출판권

저작물을 발행하거나 복제·전송할 권리를 가진 사람은 그 저작물을 발행 등에 이용하고자 하는 사람에게 배타적 권리를 설정할 수 있다(저작권법 제57조). 원래 발행은 저작물 또는 음반을 공중의 수요를 충족시키기 위한 복제·배포를 의미하는데, 저작권법은 복제·전송까지 포함하는 것으로 확대하였다. 또한 배타적 발행권은 단순 채권적 권리를 의미하는 이용 허락권과 달리 배타적·독점적인 권리를 의미한다. 따라서 배타적 발행권자는 제3자가 그의 저작물을 배타적으로 발행하는 경우 저작권자의 도움 없이 직접 그 발행에 대한 민·형사상의 구제를 청구할 수 있다.[109]

7. 저작물의 이용

타인의 저작물을 이용하려는 자는 먼저 저작물의 확인 과정이

---

108) 위의 사이트.
109) 위의 사이트.

필요하다. 즉, 저작권법상 보호를 받는 저작물인지, 보호기간이 만료된 저작물인지, 보호받지 못하는 저작물이 아닌지, 저작재산권이 제한되지 않는지 등에 대한 확인이 필요하다. 만약 이러한 확인을 거친 저작물을 이용할 때에는 저작권자의 허락을 얻어야 한다. 이를 위하여 저작권자가 누구인가를 확인하여야 한다. 통상 저작자가 저작권을 가지나, 양도·상속과 같이 저작자가 아닌 자가 저작권을 갖는 경우도 있다. 또한 원작의 복제·번역·대본 등 이용의 양태에 따라 저작권자가 다를 수도 있으므로 이에 대해서 확인하여,[110] 그 자와 교섭을 하여야 한다.

다른 저작권자의 저작물을 이용하는 방법으로는 저작권자로부터 저작물 이용의 허락을 받는 것, 배타적 발행권 또는 출판권의 설정을 받는 것, 저작재산권을 양수하는 것 등의 방법이 있다. 통상은 문서로 하지만 구두로도 가능하다. 다만 구두로 하는 경우는 증명 등에 어려움이 있어 분쟁 발생 시 곤란에 처할 수 있다.[111]

● 다른 저작권자의 저작물 이용 방법[112]

① 저작물 이용의 허락

다른 사람의 저작물을 이용하는 경우에는 그 저작물의 저작권자로부터 이용허락을 받는 것이 원칙이다. 이러한 허락은 저작권 위탁관리업자에게 신청을 하면 편리하게 해결할 수 있다. 저작권 위탁관리업자에는 저작권 신탁관리업자와 저작권 대리중개업자가 있다.

나아가 저작권자를 알 수 없거나 그의 거소를 알 수 없어 이용 허락을 받을 수 없는 경우에는 문화체육관광부장관의 승인을 얻어 소정의 보상금을 공탁하고 이를 이용할 수도 있다.

---

110) http://www.ayventure.net/content/contents.do?menuId=1043.
111) 위의 사이트.
112) 위의 사이트.

② 배타적 발행권 또는 출판권의 설정

저작물을 발행하거나 복제·전송의 방법으로 이용하고자 하는 경우에 저작권자에게 배타적 발행권을 설정받아 이용할 수 있다. 저작물을 출판하고자 하는 경우에는 출판권을 설정받을 수 있다.

③ 저작재산권의 양수

저작물을 이용하려는 자는 타인의 저작재산권을 양수받아서 이용할 수 있다. 저작재산권을 양수받을 경우에는 모든 저작재산권을 양수받거나 일부의 저작재산권만을 양수받을 수 있으며, 일정한 기간을 정하여 양수받을 수도 있다. 저작재산권을 양수받은 자는 저작권 등록을 하지 않으면 제3자에게 대항할 수 없기 때문에 등록을 하는 것이 안정적인 권리확보 차원에서 유리하다.

8. 저작권의 등록

(1) 개 념

저작권 등록이란 저작자의 성명 등 저작물에 관한 일정한 사실관계와 법률관계를 저작권 등록부라는 공적인 장부에 등재하여 일반 국민에게 공시하는 제도를 말한다.

(2) 등록 절차

저작권의 등록은 저작자나 상속인 등이 할 수 있다. 반면 저작재산권이 양도되는 경우 그에 대한 권리변동의 등록은 양도인과 양수인이 공동으로 신청해야 한다. 다만, 양수인의 등록승낙서가 있으면 양도인 단독으로도 등록할 수 있다. 저작권의 등록을 하기 위해서는 저작권 등록 신청서, 저작물명세서, 복제물, 등록세 영수증, 등록사유를 증명할 수 있는 서류, 수수료를 준비하여야 한다. 등록사유를 증명할 수 있는 서류는 계약서나 3인 이상의 서명날인이 있

는 확인서를 제출하면 된다.[113]

(3) 효 과

저작권의 등록을 마치면 등록을 한 연월일에 저작물을 창작, 공표한 것으로 추정을 받으며, 성명을 등록한 저작자는 진정한 저작자로 추정받는다. 만약 저작권의 변동, 즉 저작재산권 양도나 처분제한, 저작재산권에 대한 질권 설정, 권리의 이전 등의 등록을 하지 않으면 그에 대하여 제3자에게 대항할 수 없게 된다. 다만, 등록은 권리변동의 성립요건이 아니므로 등록을 하지 않았다고 하더라도 권리 그 자체가 무효가 되는 것은 아니다. 따라서 권리행사를 함에는 아무런 문제가 없다. 나아가 양수한 저작재산권에 대한 등록을 하지 않았다고 하더라도 다른 사람이 그 저작재산권을 침해하는 경우 양수인은 자신의 명의로 고소도 가능하다.[114]

9. 저작권의 침해와 구제

(1) 저작권의 침해와 금지

저작권 침해란 법률상 저작권 행사가 제한되는 경우를 제외하고 저작권자의 허락 없이 저작물을 이용하거나 저작자의 인격을 침해하는 방법으로 저작물을 이용하는 것을 말한다. 이러한 침해는 직접적 침해뿐만 아니라 간접적인 침해도 포함된다. 구체적인 예로는 ① 수입 시에 대한민국 내에서 만들어졌더라면 저작권 그 밖에 이 법에 따라 보호되는 권리의 침해로 될 물건을 대한민국 내에서 배포할 목적으로 수입하는 행위, ② 저작권 그 밖에 이 법에 따라

---

113) http://www.ayventure.net/content/contents.do?menuId=1045.
114) 위의 사이트.

보호되는 권리를 침해하는 행위에 의하여 만들어진 물건(제1호의 수입물건을 포함한다)을 그 사실을 알고 배포할 목적으로 소지하는 행위, ③ 프로그램의 저작권을 침해하여 만들어진 프로그램의 복제물(제1호에 따른 수입 물건을 포함한다)을 그 사실을 알면서 취득한 자가 이를 업무상 이용하는 행위도 저작권의 침해 행위로 들 수 있고, 이러한 행위에 대해서는 저작권 그 밖에 저작권법에 따라 보호되는 권리의 침해로 본다(제124조 제1항). 또한 저작자의 명예를 훼손하는 방법으로 저작물을 이용하는 행위는 저작인격권의 침해로 본다(같은 조 제2항).

나아가 직접적인 저작권 침해행위나 침해행위로 보는 것은 아니나, 일정한 행위를 금지하고 있다. 즉, ① 기술적 보호조치를 무력화하는 행위(제104조의2), ② 권리관리정보를 제거하거나 변경하는 행위(제104조의3), ③ 암호화된 방송신호를 무력화하는 행위(제104조의4), ④ 저작물의 라벨을 위조하는 행위(제104조의5), ⑤ 영화관에서 영화를 몰래 촬영하는 행위(제104조의6), ⑥ 권한없이 방송전신호를 제3자에게 송신하는 행위(제104조의7)를 해서는 안 된다고 규정하여 금지하고 있다.

(2) 침해에 대한 구제

저작권자는 자신의 권리를 침해한 자에 대하여 침해의 정지를 청구할 수 있으며, 그 권리를 침해할 우려가 있는 자에 대하여 침해의 예방 또는 손해배상의 담보를 청구할 수 있다(저작권법 제123조 제1항). 나아가 저작권자는 제1항의 청구를 하는 경우 침해행위에 의하여 만들어진 물건의 폐기나 그 밖의 필요한 조치를 청구할 수 있다(같은 조 제2항). 만약 위의 제1항과 제2항 및 이 법에 따른 형사의 기소가 있는 때에는 법원은 원고 또는 고소인의 신청에 따라 담보를 제공하거나 제공하지 아니하게 하고, 임시로 침해행위의 정지 또는 침해행위로 말미암아 만들어진 물건의 압류 그 밖의 필요한 조치를 명할 수 있으며, 저작권 그 밖에 이 법에 따라 보호되는 권리의 침해가 없다는 뜻의 판결이 확정된 때에는 신청자는 그 신청으로 인하여 발생한 손해를 배상하여야 한다(같은 조 제3항·제4항). 위의 손해배상액은 침해자가 그 침해행위로 인하여 얻은 이익액 또는 저작재산권자가 권리행사로 통상 얻을 수 있는 금액 등이 기준이 된다(제125조). 또한 손해액을 산정하기 어려운 때에는 변론의 취지 및 증거조사의 결과를 참작하여 상당한 손해액을 인정할 수 있다(제126조). 나아가 저작권자는 고의 또는 과실로 저작인격권을 침해한 자에 대해서도 손해배상을 청구하거나 손해배상과 함께 명예회복에 필요한 조치를 청구할 수 있다(제127조).

제4절

신지식재산권

1. 개 념

신지식재산권이란 과학기술의 급속한 발전과 사회 여건의 변화에 따라 산업재산권이나 저작권과 같은 종래 지식재산권의 보호 범주에 포함되지 않으나, 경제적 가치를 지닌 지적 창작물을 의미한다.[115]

2. 신지식재산권의 분류

신지식재산권의 분류	
산업저작권	컴퓨터 프로그램, 인공지능, 데이터베이스 등
첨단산업재산권	반도체집적회로 배치설계, 생명공학 등
정보재산권	데이터베이스, 영업비밀, 뉴미디어 등
기 타	프렌차이징, 캐릭터, 트레이드 드레스, 퍼블리시티권, 지리적 표시, 인터넷 도메인네임, 새로운 상표(색채, 상표, 입체 상표, 소리, 냄새 상표 등)

| 출처 | 이지영 · 김준섭 · 박민식, "IP 유동화 평가방법론," SCR서울신용평가(주), 2018. 1. 8, 3쪽.

---

115) https://www.ibric.org/myboard/read.php?Board=news&id=25069.

3. 신지식재산권의 보호

위의 분류 중에서 자주 문제가 되는 컴퓨터 프로그램, 인공지능, 반도체집적회로 배치설계, 데이터베이스, 영업비밀, 트레이드 드레스, 인터넷 도메인 이름, 새로운 상표에 대해서 살펴본다.

(1) 컴퓨터 프로그램

컴퓨터 프로그램에 대해서는 특허를 허여하고 있다. 이러한 컴퓨터 프로그램이 특허의 대상이 되기 위해서는 발명의 대상인 "자연법칙을 이용한 기술적 사상"에 해당하는지의 여부에 달려 있다. 종래 컴퓨터 프로그램은 인간의 머리 속에서 수행하는 정신적·지능적 수단이나 과정에 불과하며 자연법칙을 이용한 발명이 아닌 일종의 계산방법으로 보아 특허성이 인정되지 않았다. 하지만 근래 미국, 일본 등 선진국에서 소프트웨어 산업의 급속한 성장으로 이에 대한 특허권이 인정되었다. 이에 우리나라도 1990년 관련 법제의 정비와 더불어 "컴퓨터 관련 발명의 심사기준"을 개정함으로써 1998년 8월 1일자 출원한 것부터 특허를 허여하고 있다.[116]

(2) 인공지능

인공지능이란 "인간이 가지고 있는 가장 기본적인 능력 또는 아직 기계화되어 있지 않은 능력"으로 산업 분야에서 인간의 사고 능력에 기초한 퍼지 이론, 신경망 및 전문가시스템 등의 비선형 인공지능 알고리즘들을 연구하고 이용하고 있으며, 이와 관련한 많은 발명이 출원되고 있다. 특허출원의 유형을 살펴보면, 기존의 플랜

---

116) BRIC Bio통신원, "신지식재산권의 의의와 보호동향," https://www.ibric.org/myboard/read.php?Board=news&id=25069.

트와 컴퓨터 및 인공지능 알고리즘(전문가시스템, 퍼지이론, 신경망 등)이 결합된 형태 즉, 인공지능시스템이 하드웨어적으로 구현된 뉴론칩, 퍼지칩, 인공지능컴퓨터 등의 장치 발명으로 출원하는 경우와 인공지능의 개념을 구현하기 위하여 지식베이스와 추론엔진을 구성요소로 소프트웨어적 형태의 방법 발명으로 출원하는 경우가 있다. 위의 어떤 경우이든 특허요건만 만족하면 특허가 허여되고 있다. 하지만 인공지능 알고리즘의 목적 달성에 이용되는 단순한 수학적 연산 과정 즉, 추론엔진의 연산방법, 최대-최소연산법 자체는 특허법상 자연법칙을 이용한 경우가 아니어서 발명을 인정받지 못하여 특허가 허여되지 않는다.117)

(3) 반도체 집적회로 배치설계

반도체 집적회로 배치설계란 집적회로(Integrated Circuit)를 제조하기 위해 각종 회로소자 및 그들을 연결하는 도선을 평면적 또는 입체적으로 배치한 설계도면을 말한다. 우리나라는 「반도체 집적회로의 배치설계에 관한 법률」을 1993년 9월 제정 시행하면서 이를 보호하고 있다. 이 법의 보호대상으로는 반도체 배치설계 그 자체, 배치설계에 의해서 제조된 반도체 집적회로, 그리고 컴퓨터, 통신기기 등 반도체 집적회로를 사용하여 제조된 물품이다. 반도체 배치설계권은 창작성이 있는 배치설계를 설정등록함으로서 발생되며, 배치설계권의 존속기간은 설정등록일로부터 10년이 원칙이다. 설정등록을 위해서는 신청인·창작자의 서지적 사항, 반도체 칩의 명칭, 창작 및 상업적 이용일, 반도체칩의 구조·기술·기능 및 간단한 설명과 배치설계 도면 또는 사진, 반도체 집적회로 샘플 4개 등의 서류가 첨부된 설정등록신청서와 소정의 수수료를 첨부

---

117) BRIC Bio통신원, 위의 글.

하여 특허청 관련 기관에 제출하면 등록요건을 검토하여 2주일 내에 등록을 해 주고 있다.[118]

(4) 데이터베이스

데이터베이스는 지적(知的) 결과를 정리하고 축적한 자료로 기술·문화 발전에 기여함으로서 정보원으로서의 상업적 가치가 높아졌다. 이에 기술적 사상에 대해서는 특허법에서, 그 내용은 저작권법에서 보호하고 있다. 먼저, 전자에 대해서는 데이터 구조의 기능성이 실현되도록 구조적이고 기능적인 관계를 정의하는 구축방법이나 검색방법 등에 존재하는 기술적 사상을 보호하는 것으로 발명의 성립성, 산업상 이용가능성, 신규성, 진보성 등 특허 성립요건으로 특허의 허여 여부를 판단한다. 반면 후자와 관련해서는 다른 저작물과 같이 구축된 데이터베이스가 문화발전에 기여하고, 내용 자료의 수집(collection)과 배열(arrangement)이 저작권법상의 창작성(creativity)이 인정되는 경우에는 편집저작물과 같이 저작권으로 보호된다. 하지만 사실적 데이터만 있는 단순한 안내서나 기록의 수집물, 창작성이 없는 수집물 등은 저작권을 인정받을 수 없다.[119] 한편, 저작권법은 창작성이 없는 데이터베이스라도 그것을 제작하는 데 상당한 규모의 자본과 인적·기술적 투입을 한 제작자에게 저작권과는 별도의 독립된 권리(sui generis right)를 부여하고 있다.[120]

---

118) BRIC Bio통신원, 위의 글.
119) BRIC Bio통신원, 위의 글.
120) 손승우, 앞의 책, 190쪽.

(5) 영업비밀

영업비밀은 「부정경쟁방지 및 영업비밀보호에 관한 법률」(이하 영업비밀보호법)에 의하여 보호되는데, 영업비밀이란 "공공연히 알려져 있지 아니하고 독립된 경제적 가치를 가지는 것으로써 비밀로 관리된 생산방법, 판매방법 기타 영업활동에 유용한 기술상 또는 경영상의 정보를 말한다"고 규정하고 있다(같은 법 제2조 제2호). 영업비밀로 보호받기 위해서는 ① 공공연히 알려져 있지 않을 것(비공지성), ② 비밀로서 관리되고 있을 것(비밀관리성), ③ 독립된 경제적 가치를 가진 것으로서 생산방법·판매방법 기타 영업활동에 유용할 것(경제적 유용성), ④ 기술상 또는 경영상 정보이어야 한다.[121] 여기서 "기술정보"는 특허받을 수 있는 요건을 갖추지 아니한 정보 등을 포함하며 설계방법, 설계도면, 실험데이터(실패한 실험데이터 포함), 제조기술, 연구리포트 등이 있고, "경영정보"로는 고객명부, 거래처명부, 판매계획, 입찰계획 등을 들 수 있다. 그 명칭도 나라에 따라서 영업비밀, 기업비밀, 비밀영업정보, 재산적 정보, 비공개 정보, 산업비밀, 산업정보, 노하우, Trade Secret 등 다양하게 불리워지고 있고 이들은 거의 같은 의미로 해석되고 있다.[122]

(6) 트레이드 드레스(Trade Dress)

물건이나 서비스의 전체적인 이미지를 포괄하는 매우 광범위한 의미로 물품의 크기, 외관, 형태, 빛깔, 색채의 조합, 도형의 요소를 모두 포함하는 개념이며, 다른 물품과 구별하게 해 주는 독특한 이미지를 나타내는 것을 의미한다. 예를 들면, 독특한 형태와 색채를 갖춘 콜라병 등을 들 수 있다. 우리나라는 「영업비밀보호법」에서

---

121) 손승우, 위의 책, 381쪽.
122) BRIC Bio통신원, 앞의 글.

이를 보호하고 있다. 즉, "국내에 널리 인식된 타인의 상호, 상표, 상품의 용기, 포장 기타 타인의 상품임을 표시한 표지와 동일 또는 유사한 것을 사용하거나 이러한 것을 사용한 상품을 판매·반포 또는 수입·수출하여 타인의 상품과 혼동을 일으키게 하는 행위 등"을 부정경쟁행위라 하여 금지하고 있다(영업비밀보호법 제2조 제1호 아목; 제4조). 아울러 상표법 제91조(등록상표 등의 보호범위) 제1항 및 제2항의 규정에 따라 상표등록을 출원을 한 때에 출원서에 적은 '상표 및 기재사항'과 '상품'에 의해 정해지도록 하고 있고, 상표의 보호범위는 상표견본 즉 표장 그 자체만으로 정해지는 것이 아니라, 출원인의 출원서에 상표의 유형을 어떻게 기재하였는지에 따라 보호되는 표장의 성격이 결정되고, 이에 따라 표장의 보호범위도 달라질 수 있다고 하여 입체상표도 등록이 가능하다.[123] 이에 근거하여 특정 상품의 외관이나 포장이 타인의 상품에 대하여 식별력이 있는 트레이드 드레스는 상표로서 등록하여 적극적으로 보호받을 수 있다.[124]

(7) 인터넷 도메인이름 보호

도메인이름이란 인터넷상에서 호스트 컴퓨터의 주소에 해당하는 숫자로 된 주소(internet address)를 사용하기 쉽도록 문자로 변환하여 보다 쉽게 표시한 것을 말한다. 예를 들면, 특허청의 IP주소는 10.133.102.51이고, 웹브라우저에 표시되는 도메인이름은 "www.kipo.go.kr(go는 정부기관, kr은 한국)"이다.

도메인이름의 사용은 일반 상표와 오인·혼동을 초래할 수 있는 경우가 많다. 예를 들면, candyland.com, nasa.com, playboy

---

123) http://blog.naver.com/PostView.nhn?blogId=jiseonglaw&logNo=221454434805.
124) BRIC Bio통신원, 앞의 글.

xxx.com, 국내의 www.chanel.co.kr, microsoft.co.kr, hite.co.kr 등을 들 수 있다. 이와 관련하여 우리나라 상표법은 소정 요건을 충족하면 상표로 등록되어 독점·배타적인 권리를 인정해 주고 있다. 나아가 이를 침해하는 행위를 하였을 경우에는 그러한 행위의 중지, 손해배상, 신용회복을 구할 수 있는 권리를 인정하고 있다. 반면 도메인이름의 경우는 인터넷에 접속된 컴퓨터 간 디지털 신호 교환을 위한 IP주소(Internet protocol address)를 문자 형태로 변환한 것으로 도메인이름 등록기관과 신청자 간의 계약에 의해 사용 권한이 허여되는 것이며 소정의 요건만 충족하면 선착순 원칙에 의해 누구에게나 부여하게 된다. 이 과정에서 상표권자가 아닌 제3자가 타인의 유명상표권을 무단으로 선등록하거나(Cyber-squatting), 도메인이름을 원상표권자나 경쟁자에게 판매하기 위해 대량 등록(도메인 사재기)하는 행위가 가능하고 이로 인해 상표권 등 지재권 권리자와 분쟁이 빈발하고 있다.[125] 이러한 도메인이름과 관련한 분쟁이 발생할 경우에는 상표법, 부정경쟁방지법 등에 근거하여 소송을 제기하여 해결할 수 있다. 또한 저렴한 비용으로 신속하게 절차의 진행을 할 수 있는 조정이나 중재에 의한 방안이 활용되고 있다. 그러한 예로 WIPO(세계지식재산권기구)는 악의적인 도메인이름의 등록을 배제하기 위하여 강제적인 행정절차를 둘 것을 ICANN(국제인터넷주소관리기구)에 권고하였고, 1999년 8월 ICANN은 신속하고 경제적으로 분쟁해결을 위한 통일 도메인이름 분쟁해결 정책(Uniform Domain Name Dispute Resolution Policy: UDRP)을 마련하였다.[126]

---

125) BRIC Bio통신원, 위의 글.
126) 손승우, 앞의 책, 375-376쪽.

(8) 색채상표

신기술들이 개발되면서 각국은 상표에 대한 새로운 인식을 하게
되었고, 마침내 Madrid의정서, EU공동체 상표규정, WIPO의 상표
법통일화조약, UR/TRIPs 협정문 등에서 색채상표를 상표의 구성
요소로서 보호하도록 규정함에 따라 우리나라도 상표법상의 상표
에 대한 개념을 "상품을 생산, 가공, 증명 또는 판매하는 것을 업으
로 영위하는 자기의 업무에 관련된 상품을 타인의 상품과 식별되
도록 하기 위하여 사용하는 기호, 문자, 도형 또는 이들을 결합한
것"에 "색채가 결합된 것"을 더하여 1996년 1월 1일부터 시행하고
있다(상표법 제2조 제1항 제1호·제2호). 그러나 색채만의 조합과 단
색상표는 인정하지 않고, 상표의 구성요소가 기호, 문자, 도형 또는
이들과 결합된 경우에만 인정하고 있다.[127]

(9) 입체상표

전통적인 상표의 개념은 기호·문자·도형 또는 이들의 결합으
로 1차원 또는 2차원(평면적)인 것만을 포함하나, 입체상표는 3차원
에 해당하는 물품의 형태 자체 또는 그 포장까지 개념을 확대한 것
으로 우리나라도 상표의 개념을 기호·문자·도형·입체적 형상
또는 이들을 결합한 것과 이들 각각에 색채를 결합한 것으로 정의
하여 1998년 3월 1일부터 입체상표를 인정하고 이를 보호하고 있
다(상표법 제2조 제1항 제1호·제2호).[128]

(10) 소리·냄새상표

전통적인 상표의 개념은 기호, 문자, 도형 또는 이들의 결합, 색

---

127) BRIC Bio통신원, 앞의 글.
128) BRIC Bio통신원, 위의 글.

채와의 결합으로 이루어지는데 이들은 평면적이고 시각을 통하여 인식될 수 있는 것이어야 한다. 따라서 시각을 통해서 인식될 수 없는 소리, 냄새, 맛 등은 상표법상 등록될 수 없었다. 그러나 위와 마찬가지로 1998년 개정 상표법에 근거하여 소리·냄새상표도 보호 대상에 포함시켰다.[129]

4. 4차 산업혁명과 지식재산권

(1) 4차 산업혁명과 그 특징

4차 산업혁명이란 "3차 산업혁명을 기반으로 디지털, 바이오와 물리학 사이의 모든 경계를 허무는 융합기술 혁명"을 말한다. 4차 산업혁명의 핵심은 인공지능, 빅데이터 등의 기술을 통해 정보를 자동으로 데이터화하고 분석하여 현실과 가상의 세계를 하나로

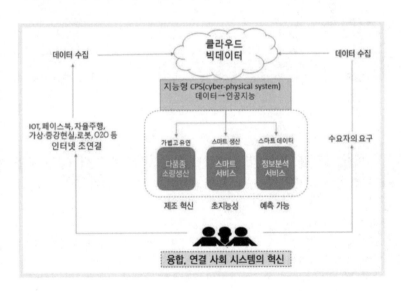

---

129) BRIC Bio통신원, 위의 글.

연결하였다는 점이다. 이러한 연결체계를 O2O(Online-to-Offline) 체계라고 한다.[130]

이러한 4차 산업혁명(4IR: fourth industrial revolution)[131]이라는 용어는 독일이 2010년 발표한 '하이테크 전략 2020'의 10대 프로젝트 중 하나인 '인더스트리 4.0(Industry 4.0)'에서 '제조업과 정보통신의 융합'의 의미로 처음 사용되었다. 이후 세계경제포럼(WEF)에서 '제4차 산업혁명'을 주제로 하면서 전 세계적으로 관심의 대상이 되기 시작하였으며, 이 포럼 이후 제4차 산업혁명과 산업·사회의 변화에 대한 본격적인 논의가 시작되었다.

4차 산업혁명의 구체적인 특징으로는 '초연결성', '초지능화', '융합화'를 기반으로 '모든 것이 상호 연결되어 보다 지능화된 사회로 변화'하였다는 점을 들 수 있다.

초연결성	초지능화	융합화
• ICT를 기반으로 하는 사물 인터넷(IoT) 및 만물 인터넷(IoE: internet of Everything)의 진화를 통해 인간-인간, 인간-사물, 사물-사물을 대상으로 한 초연결성이 기하급수적으로 확대	• 인공지능(AI)과 빅데이터의 결합, 연계를 통해 기술과 산업 구조의 초지능화가 강화	• '초연결성', '초지능화'에 기반하여 기술간, 산업간, 사물-인간 간의 경계가 사라지는 '대융합' 시대 전망

이를 과거의 산업혁명과 비교하여 보면 다음과 같다. 먼저, 1차 산업혁명은 18세기 말 영국을 거점으로 방적기, 증기기관, 그리고

---

130) http://100.daum.net/encyclopedia/view/61XX79800040.

131) 4차 산업혁명의 주창자이자 WEF 회장인 클라우스 슈밥은 자신의 책 〈4차 산업혁명〉에서 4차 산업혁명을 '3차 산업혁명을 기반으로 한 디지털과 바이오산업, 물리학 등 3개 분야의 융합된 기술들이 경제체제와 사회구조를 급격히 변화시키는 기술혁명'으로 정의했다[연기영, "4차산업혁명시대의 법학과 법학교육의 과제,"「한국교수불자연합학회지」제25권 3호(사단법인 한국교수불자연합회, 2019. 12), 72쪽].

제련 기술이 등장해 발생한 변혁이라 볼 수 있다. 즉, 제1차 산업혁명의 핵심은 활용할 수 있는 동력(force)을 만들어 낸 것이며, 이는 이전에 수력(물레방아), 풍력(풍차), 인력에 의존하던 작업의 한계(시간, 장소, 동력의 크기)를 극복하였다는 점에서 그 의미가 있다. 2차 산업혁명은 19세기 말 미국을 거점으로 전기에너지, 컨베이어 벨트가 등장해 발생한 변혁이라 볼 수 있다. 제2차 산업혁명의 핵심은 동력을 저장하고 필요시 사용할 수 있는 에너지를 만들어 낸 것이며, 이는 동력의 사용 방식을 보다 다양하게 하는 기반이 조성되었음을 의미한다. 동력의 용이한 사용 여건은 컨베이어 벨트와 함께 대량 생산을 가능하게 함으로써 공업화 시대를 여는 요인이 되었다. 제3차 산업혁명은 20세기 말 미국을 거점으로 컴퓨터, 인터넷으로 대표되는 IT 기술이 등장해 발생한 변혁이라 볼 수 있다. 제3차 산업혁명의 핵심은 전기를 단순한 에너지원에서 계산 등의 기능 영역으로 확장한 것이며, 이러한 확장은 0과 1로 표현되는 디지털 시대를 여는 요인이 되었다. 전기의 관점에서 재료를 보면 전

디지털혁명의 완성

1784년 · 1870년 · 1969년 · 2017년 · 2070년

구분	제1차 산업혁명	제2차 산업혁명	제3차 산업혁명	제4차 산업혁명
혁신 동인	증기기관, 방직, 제련, 기계식 생산설비	전기에너지, 노동분업, 컨베이어벨트	컴퓨터, 인터넷, 반도체, IT, 로봇	CPS, 융합, ICT, AI, 빅데이터, 클라우드, IoT
소통 방식	책, 신문 등	전화기, TV등	인터넷, SNS등 (Data → Information)	IoT, LOS 등(→ Insight)
생산방식& 통계방식	기계식 생산설비, 기계화 생산&사람	조립라인, 대량 생산&사람	부분적 자동화 생산&사람	자동화 생산, 스마트 제조&기계 (자율)
주도국가	영국	미국, 독일, 프랑스	미국, 독일, 일본	독일, 미국
의미	열에너지를 기계적인 일로 전환해 동력원 확보	내연기관, 강철제조, 전기산업 등 기술의 발전	디지털 혁명 및 실시간 관계성 창출	각 영역간 융합 및 사람, 사물, 공간초연결사회
영향	계층화, 도시화& 다리, 항만 등 기반시설 건설 촉발	공업화, 분업화, 효율화&규모의 경계와 소비주의 등장	협력적 네트워크 기반의 Biz생태계 조성 및 시스템 기반의 자동화	지식 창출 가속화, (육체적 및 지식)노동 수요 감소

기가 통하는지 여부에 따라 도체와 부도체로 구분되며 이러한 재료의 조합은 결국 도체와 부도체의 조합인 1과 0의 디지털 표현으로 볼 수 있다. 그런데 실제 재료로 조합을 구성하기보다 반도체의 성질을 이용해 조합을 만들어 내는 반도체 기술(집적기술 포함)이 등장해 디지털 시대를 촉진하게 되었다. 이를 정리하면 위의 도표와 같다.[132]

(2) 산업혁명과 지식재산권

이처럼 4차 산업혁명이 진행되는 동안 지식재산권을 바라보는 시각 또한 다양화되고 변화되고 있다. 예를 들면, 그동안 큰 관심을 보이지 않았던 모방품·해적판 등과 관련하여 4차 산업혁명의 도래로 국경을 초월한 인터넷상의 상거래나 콘텐츠 전송이 활성화되고 새로운 시장 개척으로 판로가 확대됨으로써 국경을 초월한 모방품·해적판에 대한 대책까지 고려할 필요성이 부각되었다. 더불어 중국이나 일본 등은 4차 산업혁명에서 우위를 확보하기 위한 다양한 지식재산권 전략을 세우고 있다.

우리나라도 2017년 5월 16일 새로운 정보 재화나 콘텐츠 역량 강화 방안에 관한 논의를 토대로 2017년 지식재산권 추진계획을 발표하여 이에 대비하고자 하였다. 이러한 추진계획에서 우리나라는 데이터나 인공지능의 활용 촉진에 의한 산업 경쟁력 강화를 위한 지식재산권 제도의 구축, 지식재산권 제도의 기반 정비, 세계시장을 선도하는 지식재산권 및 표준화 전략의 추진을 강조하였다.

구체적으로 살펴보면, 현행 저작권 제도에서는 저작물이 포함된 빅데이터를 활용하여 신규 사업을 추진함에 있어서 해당 저작물의 모든 권리자에게 이용 허락을 받아야 하는데, 이러한 절차는 데이

---

132) 김승택, "제4차 산업혁명 도래에 대한 시각," Deloitte Anjin Review, No.9(안진회계법인, 2017. 9. 25), 42-43쪽.

터나 인공지능을 활용한 사업 추진을 하는 데 저해 요소가 되고 있다. 따라서 2017년 지식재산권 추진계획에서는 그 해결 방안으로서 적절한 유연성을 지닌 권리 제한 규정의 도입 및 규정 적용 가이드라인을 제정하고자 하였다. 한편 저작권자를 알 수 없는 고아 저작물(Orphan Works)의 원활한 이용을 지원하는 법정허락에 대해서는 일정 경우에 한하여 저작물을 먼저 이용하고 후에 보상금을 공탁할 수 있도록 함으로써 이용자의 편의를 제공하도록 하였다. 나아가 이 외에도 새롭고 다양한 지식재산권이 출현할 것으로 전망되고 있다.

제 **3** 장

지식재산권을 통한 금융거래 및
자금조달의 국내외의 동향

제1절
서 설

　앞 장에서는 살펴보듯이 지식재산권을 인정하는 범위는 점차적으로 확대되고 있다. 기존의 특허권, 실용신안권, 디자인권, 상표권의 산업재산권과 저작권 외에도 첨단산업재산권, 산업저작권, 정보재산권 등 신지식재산권이 등장하였고, 최근에는 4차 산업혁명을 통해 인공지능, 빅데이터 등에 대해서도 지식재산권을 인정하고자 하였다. 이처럼 지식재산권을 인정하는 범위가 확대되는 것은 다른 한편으로 그 가치 또한 증가되었다는 것을 의미한다. 한편 벤처기업이나 중소기업들은 자신들의 경영난을 해결하고자 또는 자신들의 지식재산권을 토대로 사업화를 진행하기 위하여 지식재산권을 담보로 금융거래 및 자금조달을 할 수 있도록 정부나 금융기관에 지속적으로 요청하고 있다. 나아가 정부도 이를 통한 금융거래 및 자금조달을 활성화시키기 위하여 지속적인 노력을 기울이고 있다. 따라서 이하에서는 금융거래 및 자금조달의 방법 등 구체적인 내용을 살펴보기 전에 국내외의 지식재산을 통한 금융거래 및 자금조달(지식재산권 금융이라고도 한다)의 동향을 먼저 살펴본다.[1]

---

1) 이하는 고재종, "지식재산권을 기반으로 한 기업의 자금조달의 문제점과 개선방안," 「지식과 권리」 통권 21호(대한변리사회, 2018), 59-67쪽 참조.

제2절
국내적 동향

1. 배 경

최근 지식재산권에 대한 관심의 증대로 인하여 이에 대한 경제적 가치를 평가하여 금융거래 및 자금조달의 수단으로 적극적으로 활용하려는 국가정책이 등장하였고, 금융기관 등은 이러한 정부 정책에 따라 관련 상품의 출시를 시도하고 있다. 이에 따라 벤처기업이나 중소기업 등도 대내외적 환경의 어려움 속에서 경영난을 극복하기 위하여 또는 기술투자 등을 통한 사업화를 위하여 필요한 자금을 지식재산을 수단으로 해결하고자 이 제도에 관심을 표명하고 있다. 더불어 이러한 제도의 확산과 관심의 증대는 다음과 같은 여건이 성숙되고 있기 때문이기도 하다.[2]

첫째, 소비 측면에서, 통상 정보는 사회적 한계비용이 제로이고 배제 불가능성과 공공성이라는 성격으로 지식재산권에 대한 독점적 권리가 인정되었지만, 근래 위의 특성 중 배제 불가능성에 대한 예외가 인정되어 배제할 수 있는 경우가 등장하였다는 점이다. 그동안 지식재산권은 R&D를 통한 기술개발과 그에 대한 권리화 및 권리침해의 보호라는 측면에서 주로 논의되어왔다. 그런데 최근 들어 기술이 아닌 음악·영화와 같은 디지털 컨텐츠 등의 정보 그 자체가 상품으로 인정되고 제조업에서의 고도의 기술 정보가 그

---

2) 위의 자료.

분야의 기업 경쟁력의 원천이 되는 등 기존의 지식재산권 외에도 다양한 정보 그 자체의 경제적 가치가 높아져 이를 적극적으로 활용하려는 움직임이 나타났다는 점이다.3)

둘째, 기업 측면에서 그동안 기업의 기술혁신(innovation)은 주로 벤처기업에서 담당하였었다. 하지만 벤처기업은 토지나 건물 등 유형자산을 많이 보유하고 있지 않아 이를 담보로 설정하여 융자를 받는 등 자금조달에 어려움이 많았다. 그런데 벤처기업이 개발한 발명이나 저작물 등의 지식재산권에 대하여 경제적 가치가 인정되고 이에 대한 객관적 가치가 평가됨으로써 이를 통하여 자금조달을 하는 것이 가능하게 되었다. 이처럼 지식재산권을 경제적 가치를 인정하여 자금조달을 할 수 있도록 함은 벤처기업의 경쟁력 강화와 국가의 경제성장을 촉진하게 되어 국가적 차원에서도 매우 긍정적으로 평가되고 있다는 점이다.4)

셋째, 정책적인 측면에서, 우리나라는 1998년 IMF, 2007년 금융위기 등으로 유형자산의 담보주의에서 탈피한 새로운 형태의 자금조달 방법이 요구되었다는 점이다. 그동안 우리나라는 부동산 위주의 유형자산 담보로 신용 리스크를 부담해 왔지만, 경제 불황, 부동산의 가격 불안 등으로 이러한 방식을 계속 이용함에는 제도적 한계가 노출되어 새로운 형태의 자금조달 방법을 모색하게 되었다는 점이다.5)

물론 이러한 소비, 기업 및 정책적 측면에서 지식재산권을 통한 금융거래 및 자금조달(지식재산권 금융)의 요청이 커졌지만, 이러한 요청이 활성화되기 위해서는 ① 지식재산권이 거래가능한 자산(tradable assets)이 될 수 있도록 지식재산권 거래시장이 형성되어야

---

3) 沢本吏永, "知的財産權担保融資の課題と意義," 日本社会情報学会全国大会研究発表論文集(第19回全国大会), 日本社会情報学会, 2004, 140頁.

4) 위의 자료.

5) 위의 자료.

하며, ② 상이한 위험을 수용할 수 있는(risk appetite) 다양한 금융기관이 참여해야 한다는 조건도 만족하여야 할 것이다.[6]

2. 제도의 도입

우리나라에서 지식재산권을 수단으로 한 금융상품들의 출시에 관심을 기울이게 된 것은 2001년 1월 제정된 「기술이전촉진법」이 제정 및 공포되면서부터이다. 당시 시범적으로 지식재산권(상표권)을 기초로 유동화 채권[7]이 발행되었으며, 정부도 지식재산권 거래 기반을 조성하기 위하여 한국기술거래소(KTTC)를 개소하는 등 기술거래 시장 체계 확립, 기술가치의 객관적 평가 체계 구축, 기술평가 시장의 활성화 등 노력을 하였다.[8]

2012년 6월에는 「동산·채권 등의 담보에 관한 법률」이 제정되어 지식재산권에 대한 양도와 담보권 설정이 법률적으로 가능해짐

---

6) 위의 자료.

7) 유동화 채권이란 주택저당채권유동회사가 금융기관으로부터 주택저당채권을 양도받아 이를 담보로 하여 주택저당채 담보부채권을 발행하고 원리금을 지급하거나 혹은 채권유동화회사가 금융기관으로부터 채권을 양도받아 이를 기초로 저당증권을 발행하고 그 채권의 관리, 운용 및 처분에 의한 수익을 분배하는 채권을 말한다. 일반적으로 금융기관의 여신은 자산건전성 분류기준의 정도에 따라 정상, 요주의, 고정, 회수의문, 추정손실의 5단계로 나눠지고 고정여신 이하의 부실여신을 금융권에서는 대손상각 처리한 후 법률을 근거로 유동화(현금화)한 유동화된 채권은 하나의 상품으로 매매(양도·양수)의 대상이 된다[http://msabmc.smart-apps.co.kr/amc/amc03/].

8) 2000년 2월 정부, 금융기관, 벤처기관 등이 공동 출연하여 설립한 곳으로 2009년 5월 4일 한국산업기술진흥원으로 개편되었다. 현재, 산업기술연구원은 산업기술 혁신 촉진사업의 효율적·체계적 추진 및 산업기술혁신 관련 정책 개발을 지원하고 있다[KIAT, 〈https://www.kiat.or.kr/site/contents/government/index_2.jsp?menuID=001007009〉, 최종방문일자: 2018. 9. 2].

으로써 본격적으로 지식재산권 관련 금융상품을 출시하게 되었다. 주요 내용을 보면 다음과 같다.[9]

주요 과제	세부 과제
금융 접근성 제고	- IP 창출 및 활용도 제고(지식재산권 인수자금 · R&D 보증제도 신설) - IP 개발 및 보유기업 우대(지식재산권 보유 기업 우대보증) - 정책금융기관의 선도적 역할
금융접근 수단 다양화	- 대출 → 투자로 금융접근 수단 다양화 - 지식재산권의 유동화 및 복합금융 수단 제공 - 보증 등을 통해 지식재산권 관련 리스크 축소(특허기술가치 연계 보증 제도 확대, IP 가치평가로 지원범위 확대)
지식금융 생태계 조성	- IP 평가 · 거래 관련 인프라 구축(IP 기술평가 DB 축적 및 공유, IP 거래정보시스템 구축, 가치평가 표준체계 구축, 평가 품질 관리체계 도입 등) - IP에 전문적으로 투자하는 펀드 1,000억 원 조성 - IP 관리 · 보호 등 IP 비즈니스 활성화

　2014년 1월에는 "기술금융 활성화를 위한 기술평가시스템 구축 방안"을 발표하여 표준모델 개발과 기술평가 관련 업무 매뉴얼을 공동 개발하는 등 국내 은행권의 참여와 노력을 촉구하였다.[10] 나아가 같은 해 7월 10일에는 정부가 기술평가와 지식재산권에 기반을 둔 지원 요건을 개선하기 위해 IP 담보대출 지원 한도(20억 원 → 50억 원, 산업은행)를 확대 추진하고자 하였다.[11]

---

9) 류태규 · 김혁준 · 이성기 · 임소진 · 최재식 · 김재용 · 조국훈 · 진경미 · 조혜리 · 이규석(이하 류태규 등이라 함), 「지식재산권 가치평가 및 금융 생태계 조성방안」(한국지식재산권연구원, 2013. 12), 20쪽.
10) 금융위원회 산업정책과, "기술금융 활성화를 위한 기술평가 시스템 구축 방안," 보도자료, 2014. 1. 23, 5쪽.
11) 노호영, "국내은행의 IP 금융 활성화 방안," 주간금융경제동향, 제4권 제

2015년에는 미국 특허관리금융회사(Non-Practicing Entities: NPE)[12]인 IV(Intellectual Venture)사가 제기한 특허소송에 대비하기 위하여 KDB산업은행과 기업은행이 각각 500억 원을 출자하여 우수한 지식재산권에 대하여 직접투자를 하는 1,000억 원 규모의 한국형 NPE 펀드(KDB인프라 IP Capital 펀드)를 조성하고자 하였다.[13]

2016년에는 특허청이 현장에서 체감하는 지식재산권 행정 구현을 정책 목표로 하는 "2016년 업무계획"을 발표했는데, 그 내용 중 하나로 지식재산권 금융 활성화를 위하여 우수 특허기술만으로도 사업자금을 확보할 수 있도록 지식재산권(Intellectual Property: IP) 금융 지원 규모를 2015년 2,009억 원에서 2016년도 3,000억 원으로 확대한다고 하였다.[14] 또한 특허분석 평가시스템(SMART3)을 금융기관 기업신용 평가시스템과 연계해 금융기관 가치 평가 역량을 높이고, 지식재산권(IP) 가치평가기관에 민간 참여를 확대하는 등 민간 지식재산권(IP) 가치평가기관 전문성을 강화하며, 시중은행 등이 IP 보증·담보대출에 투자를 결합한 복합 금융상품을 개발하도록 지원하고, 지속적으로 IP 전문 투자펀드를 조성하는 등 IP 금융 체계를 융자·보증에서 투자 중심으로 개편한다고 하여 향후 IP 금융 활성화를 위한 방향을 제시하였다.[15]

28호, 우리금융경제연구소, 2014. 7. 16, 8쪽.

12) NPE(Non Practicing Entities)란 보유한 특허를 제품생산에 활용하지 않고 특허 라이선싱 및 침해청구 등 IP를 활용하여 수익을 추구하는 기업을 말한다.

13) 2014년 한 해 동안 미국의 NPE가 한국기업을 상대로 제기한 특허침해소송 건수는 244건에 달하였으며, 특히 미국 NPE IV는 보유한 특허가 약 2만여 건 정도 되는데 이 중에는 국내 특허가 약 1,200여 건이 포함되어 매우 위협적인 요인이 될 수 있다고 한다[조세금융신문, "KDB산업은행, 금융권 최초 NPE 업무 개시," 2015. 6. 29].

14) 신선미, "지식재산권 금융 지원 규모 3000억 원으로 확대 ⋯ 특허청 '2016년 업무계획' 발표," 전자신문, 2016. 10. 28, http://www.etnews.com/20160127000350.

가장 최근인 2018년에는 금융위원회와 특허청이 "지식재산권 (IP) 금융 활성화 종합대책"을 발표하여 ① 지식재산권 보증을 강화하고 지식재산권 담보에 대한 회수지원시스템을 도입하는 등 지식재산권 담보·보증 대출 제도를 활성화하고, ② 지식재산권 펀드조성(모태[16], 성장금융), 펀드투자대상 다변화(특허권 — 상표·디자인권도 포함)를 통한 지식재산권 투자 규모를 확대하고자 하였으며, ③ 평가항목의 모듈화, 가치평가 대상(해외 특허, 중견기업 등) 및 기관 확대 (민간금융기관 중심의 가치평가기관 지정) 등 금융권의 평가부담을 완화하고자 금융친화적인 지식재산권 가치평가체계를 구축하고자 하였으며, ④ 은행권 기술금융 실적평가시 지식재산권 금융평가를 강화하고 정부와 금융기관 간 정보공유 확대 및 우수 지식재산권 기업 공동발굴 노력을 강화하는 등 지식재산권 금융 확산을 위한 인프라를 혁신하고자 하였다.[17]

● 기술금융과 지식재산권 금융의 차이점[18]

① 개 념

지식재산권 금융이란 특허권, 상표권, 디자인권, 저작권 등과 같은 지식재산권을 이용해 자금을 융통하는 일련의 금융 활동을 말한다.

---

15) 위의 신문 기사.

16) 모태펀드란 여러 개의 채권형 펀드 또는 주식형 펀드를 하나의 펀드로 만든 상품이다. 개별 펀드들이 기업에 직접 투자하기보다는 투자조합에 출자하여 수익을 목적으로 운영되는 펀드로 뮤추얼펀드(Mutual Fund)와 헤지펀드(Hedge Fund)로 구분할 수 있다. 이러한 모태펀드는 투자조합을 통해 다양한 투자전략을 세워 수익률이 검증된 펀드에 투자하므로 투자위험을 줄일 수 있으며, 개별투자자들의 적은 투자금액으로 여러 펀드에 분산 투자할 수 있다[https://100.daum.net/encyclopedia/view/188XX75600781].

17) 금융위원회·특허청, "지식재산권(IP) 금융 활성화 종합대책," 2018. 12, 2쪽.

18) 금융위원회·특허청, 위의 자료, 7쪽.

이는 중소·벤처기업이 부동산 등 유형자산이 부족한 경우에도 지식
재산권의 가치를 인정받아 사업화 자금을 조달할 기회를 제공하게 된
다. 반면 기술금융은 기업의 기술력 전반에 대하여 평가하고, 신용등
급 대신 기술신용등급을 산출하여 이를 기반으로 신용대출을 실행한
다는 점에서 차이가 있다.

② 양자의 차이

지식재산권은 기술금융과 비교하여 등록·거래가 가능한 재산으
로 기술 대비 정보 비대칭성과 불확실성이 완화되는 장점을 가지고
있으며, 「동산·채권 등의 담보에 관한 법률」 시행(2012년)으로 지식
재산권의 담보성이 인정(질권설정 가능)되어 금융수단으로 활용할
여지가 크다.

〈기술금융 vs. IP금융〉

구분	소관부처	평가항목	평가기간	평가기관	평가비용
기술 금융	금융위	기술신용 등급	5~10일	TCB 기관 (5개)	50~75만 원
IP 금융	특허청	IP 가치평가	3~6주	발명의 평가기관 (18개)	500~1500만 원 (특허청에서 일부 지원)

3. 실 태

세계의 지식재산(IP) 거래시장 규모는 1999년 200억 달러 규모였
으나, 2011년 약 2,500억 달러, 2016년 전후 약 3,000억 달러에 육
박했었다. 반면 우리나라의 경우는 2009년 8조 1,507억 원, 2010년
8조 9,347억 원, 2012년 11조 4,963억 원에 이르렀다. 이러한 규모
는 세계지식재산권 보호 순위에서 중·하위권에 속하는 것으로 평
가되었다.[19]

---

19) 국제경영개발원(IMD) 평가 결과(2014)에 의하면 우리나라는 60개국 중

IP금융 유형별 의의

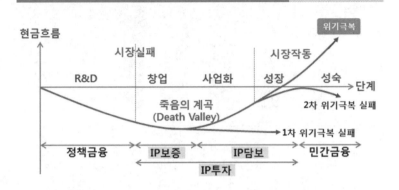

| 출처 | 금융위원회·특허청, 위의 2018년 종합대책, 2018. 12, 6쪽.

우리나라에서 지식재산권을 자금조달의 수단으로 이용하기 시작한 초기 형태는 담보 대출 형식이다. 그러한 예로 2013년 KDB산업은행이 농식품 분야의 중소기업에 대한 지식재산권을 담보로 최대 20억 원까지 대출해 주는 IP담보대출 상품을 들 수 있다.[20] 이후 기업이 투자자에게 지식재산권을 매각하여 자금을 조달하되 그 지식재산권에 대해서는 사용료를 지급하면서 생산 활동을 계속하는 Sale and License back 투자가 등장하였다.[21]

41위, 세계경제포럼(WEF) 평가 결과(2016)에 의하면 우리나라는 140개국 중 52위를 기록하여 중위권에 포진하고 있다고 한다[허원제, "지식재산권산업의 발전 방안: 지식재산권 제도 개선을 중심으로," KERI Brief, 한국경제연구원, 2016. 8, 2-3쪽].

20) 유상석, "시중은행 '지적재산권' 담보 IP대출 부진 이유는?," 뉴데일리, 2014. 3. 3, http://biz.newdaily.co.kr/news/article.html?no=10032028.

21) 이 방식에 의한 최초의 투자는 KDB산업은행이 2013년 4월 22일 지식재산권 펀드를 통해 중견기업인 코데즈 컴바인의 의류 브랜드에 100억 원을 투자한 경우를 들 수 있다[박종진, "국내 최초 '상표권'에 100억 투자, IP금융 본격화," 중앙일보, 2013. 4. 23, http://news.joins.com/article/11315729.

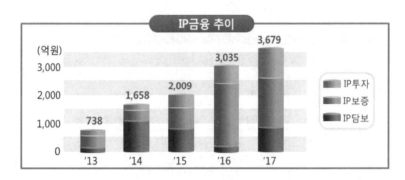

| 출처 | 금융위원회 · 특허청, "지식재산권(IP) 금융 활성화 종합대책", 2018. 12, 2쪽.

우리나라의 지식재산권 금융의 분포를 보면 다음과 같다. 먼저, ① 지식재산권 담보대출은 2013년 148억 원에서 2015년 841억 원, 2017년 866억 원으로 확대되었다. 대출상품은 특허청이 시중은행과 업무협약(MOU)를 체결하여 은행의 지식재산권 담보대출 상품의 출시를 지원하였다. 산업은행이 2013년 3월에 최초 지식재산권 담보대출을 출시하였고, 이어 기업은행이 2014년 4월 이후, 국민은행이 2015년 3월 이후 지식재산권 담보대출 상품을 출시하였다. 나아가 만약 이 담보대출에 대한 부실이 발생할 때에는 모태펀드를 통해 담보물인 지식재산권을 매입하는 회수지원펀드를 결성하여 은행의 리스크 부담을 완화하였다.[22]

다음으로 지식재산권 보증대출은 2013년 407억 원, 2015년 738억 원, 2017년 1776억 원으로 확대되었다. 특허청은 2016년부터 기술보증기금, 2013년부터 신용보증기금과 협약을 통해 특허기술 가치평가 연계보증을 통해 대출을 실시하였다. 즉, 기술보증기금 · 신용보증기금이 특허권을 담보로 하여 보증서를 발급하고, 은행이

---

22) 산업은행은 2013년 9월부터 20억 원, 기업은행은 2014년 7월부터 50억 원, 국민은행은 2015년 2월부터 30억 원을 마련하였다[금융위원회 · 특허청, 위의 2018년 종합대책, 2쪽].

보증서에 기반한 대출을 시행한 것이다.23)

● **(우수사례) 전자부품 재료 특허를 활용하여 보증대출을 받은 H사**

■ (배경) '12년 설립된 초기기업으로 상용화 자금확보에 어려움을 겪음

■ (지원) 신보로부터 1.52억 원 보증서 발급받아 기은으로부터 1.6억 원 대출('15)

■ (매출액) ('15) 7.5억 원 → ('17) 9.2억 원

셋째, 지식재산권 투자는 2013년 183억 원, 2015년 430억 원, 2017년 1,037억 원으로 확대되었다. 이와 관련해서는 모태조합 특허 계정에 출자를 하여 특허 기술 사업화 등 정책적 투자대상에 주로 투자하는 지식재산권 투자펀드를 조성하였다. 그 대상으로는 지식재산권 가치평가를 거쳐 우수 지식재산권 보유 중소·벤처기업에 투자하거나 대학·공공 연구기관의 지식재산권 창출·활용 프로젝트에 투자를 하였다. 정부예산 1,600억 원과 회수금 1,997억 원을 토대로 43개 투자조합(펀드)을 결성하여 1조 933억 원의 투자금을 조성하였다.24)

● **(우수사례) R사의 침구살균청소기 특허기술에 투자**

⇒ 15억 투자('09), 70.8억 회수('15) (수익배수 4.7배)

■ (매출액) ('08) 211억 원 → ('15) 1,099억 원 (5.2배)

■ (고용) ('08) 89명 → ('15) 240명 (2.7배)

---

23) 금융위원회·특허청, 위의 2018년 종합대책, 3쪽.
24) 금융위원회·특허청, 위의 2018년 종합대책, 3쪽.

넷째, 지식재산권 투자모델로 부동산 투자 등에 활용되는 세일 앤드 라이선스백(Sale and license back) 투자를 지식재산권 투자모델에 도입하여 이를 정착시키고자 하였다. 세일 앤드 라이선스백이란 펀드가 기업의 지식재산권을 매입후 기업에게 사용권을 부여하고 로열티를 수령하다가 만기에 해당 기업에 지식재산권을 매각하여 투자원금을 회수하는 투자방식을 말한다.[25]

● **(S&LB 사례) IB가 가치평가지원을 받아 C사의 우수IP에 투자**

■ 모바일 생체인식센서 관련 국내·외 특허(국내특허 107건, 해외특허 16건)에 S&LB 투자(투자금 125억 원, '14)

■ 영업적자로 자금조달 곤란('13) → 당기순이익 흑자전환, 매출 약 1,500억 원 증가('16)

---

[25] 이 방식에 대한 투자는 아이디어브릿지 20건에 845억 원, ID사는 11건에 99억 원의 투자실적을 올렸다[금융위원회·특허청, 위의 2018년 종합대책, 4쪽].

제3절
해외 각국의 동향

1. 미 국

미국은 지식재산을 기반으로 한 비즈니스 중심의 민간 금융이 활성화되어 있다. 지식재산을 담보로 증권발행을 하여 자금조달을 하는 지식재산 증권화 시장이 1990년대 중반부터 성장하였지만, 2008년 서브프라임 모기지(subprime mortgage) 사태 이후에는 제한적으로만 이루어졌다. 그렇지만 근래 들어 지식재산을 기반으로 하는 비즈니스 금융이 다시 활발하게 이루어지고 있다. 즉, 특허 전문회사인 NPE(Non-Practicing Entity)를 중심으로 지식재산 기반 수익창출 활동과 펀드를 결합한 특별자산펀드를 통하여 지식재산권 관련 비즈니스를 직접 영위하거나 지식재산권 비즈니스 전문회사가 자금을 공급하고 수익을 창출하고 있다. 이때 발행된 해당 펀드는 주로 자금을 조달하고, 특허전문회사를 통하여 지식재산권을 매집한 후 소송을 통해 손해배상과 로열티 수입을 올리는 공격형 지식재산권 펀드가 대부분이었다. 이하 미국의 지식재산을 기반으로 하는 자금조달의 형태를 살펴보면 다음과 같다.

(1) 지식재산 담보대출

미국의 지식재산을 통한 금융거래 및 자금조달 제도는 세계에서 가장 활발하게 정착되어 왔다. 그 근거로 1952년 미국 각 주 간의 상거래의 원활화를 위하여 제정된 통일상법전(Uniform Commercial Code: UCC) 제9장(Article 9) 담보거래(secured transactions)를 들 수 있다.26) 그런데 당시 담보거래는 주법(state laws)의 적용을 받았지만, 지식재산권은 연방법(federal laws)의 적용을 받게 되어 있어 양 법 간의 조화가 문제되었다. 그리하여 지식재산권 담보권은 지식재산권 등록부(특별등록부)에 등록하도록 하고 권리의 양도 시 그에 대하여 통지를 하도록 하고, 동산 및 채권은 상업등록부(일반담보 등록부)에 등록하도록 함으로써 위의 문제를 해결하였다.27) 다만, 소프트웨어의 경우 개발자는 매일매일의 업데이트를 진행하지만 저작권 등록은 간헐적으로 이루어지기 때문에 담보권자는 시간이 지남에 따라 담보물의 가치가 하락하지 않도록 새 버전 출시에 대해 관리를 해야 할 뿐만 아니라 매번 등록을 해야 하는 번거로움이 있었다. 이러한 불편을 해결하기 위하여 담보권자는 통일상법전 제9조에 따라 저작권을 담보권설정자의 무체재산으로 취급하여 상업등록부에 단 1장의 간단한 통지서 제출을 통하여 즉, 단 1회의 등록으로 5년간의 담보적 효력을 가지며, 추가 5년의 갱신이 가능하도록 하였다.28)

이후 미국 지식재산 및 기술 금융 시스템은 민간자본에 의하여 주도되었다. 미국 정부는 Small Business Investment Corporation (SBIC)의 재투자펀드 방식을 통하여 민간자본을 간접적으로 지원하였을 뿐이다.29) 이 외에도 Small Business Innovation Research

---

26) Legal Information Institute, "Uniform Commercial Code," https://www.law.cornell.edu/ucc.

27) 이영학, "지식재산권 금융 국내외 실태조사 및 활성화 방안 연구," ㈜ 펜타노바, 2012. 11, 91쪽.

28) 박문기, 「IP담보대출을 위한 상표권 가치평가 모델 개발 최종보고서」(특허청, 2013. 11), 14쪽.

29) SBIC는 중소기업의 자본조달을 촉진하기 위하여 사모투자 또는 장기펀드를 보완하는 재투자방식으로 민간자본의 75%까지 약 1억 달러 이내에서

(SBIR)와 Small Business Technology Transfer(STTR)을 통해 혁신 기술의 개발과 사업화에 대한 금융지원체계를 마련하였다. 하지만, SBIR와 STTR는 금융적 관점보다는 프로젝트에 대한 R&D의 자금지원에 중점을 둠으로써 장기적으로 민간부분을 통한 사업화를 촉진하는 형태를 띠고 있다.[30]

단계	평가 항목	지원 내용
1단계	기술성 및 실현가능성, 사용화 잠재력 평가를 위한 제안서 검토	6개월간 최대 150,000달러
2단계	1단계 실행 결과물 평가	2년간 최대 1,000,000달러
3단계	상용화 달성 여부 평가	SBIR에 의한 지원이 아니라, 후속적으로 미정부에 의해 조달될 제품·서비스의 R&D·생산계약 관련 자금 지원

| 출처 | 박성화·배동석, "지식재산권 환경변화에 능동적으로 대비하기 위한 지식재산 동향 정보 서비스", 「이슈페이퍼」(한국지식재산연구원, 2016. 5. 27), 14쪽.

(2) 자산유동화 및 사업유동화 제도 도입

1970년대에는 자산유동화(Asset Backed Securities: ABS)[31]라는 새로운 금융기법을 세계 최초로 도입하였다. 초기 유동화는 주택의 담보대출을 염두에 두었지만, 1990년 이후 저작권이나 특허권 등 지식재산권을 대상으로 한 자산유동화증권(예로는 아래의 Bowie Bond를 들 수 있음)도 등장하였다.

지원하고 있다[손승우, 「중소기업 IP보호 펀드 운영 방안 연구」(특허청, 2017. 12), 52쪽].
30) 손승우, 앞의 보고서, 52쪽.
31) 이에 대해서는 다음 장의 제3절 지식재산의 유동화에서 자세히 살펴본다.

| 출처 | https://blog.naver.com/kipoworld2/221987674116.

　　이를 통하여 지식재산을 보유한 기업은 이윤창출의 극대화 및 시장에서의 경쟁력 유지를 할 수 있게 되었다.[32] 지식재산을 통한 자산유동화의 규모를 보면, 초창기인 1997년에는 3억 8천만 달러였으나, 2000년 11억 3천만 달러로 급격히 증가하였다.[33]

● 자산유동화 증권

　(1) 개　념

　　자산유동화증권이란 대출채권, 부동산, 외상매출금 등 부동산을 포함한 모든 자산을 근거로 발행하는 증권을 말한다. 이 증권은 채권과 주식 또는 수익증권 등의 형태로 되어 있다. 자산유동화증권은 보

---

32) 현재 미국 ABS증권 시장에서 가장 큰 비중을 차지하고 있는 제도로는 receivables on credit cards, automobile loans, home equity loans, student loans 등을 들 수 있다[Tarun Sabarwal, "Common structures of Asset Backed Securities and their Risks," *Corporate Ownership & Control / Volume 4, Issue 1,* Fall 2006, p. 258]. 그 구체적인 실태는 다음을 참조[ESF, ESF Securitisation Data Report, http://people.stern.nyu.edu/igiddy/articles/abs_market_update.pdf., p. 6].

33) David Edwards, "Patent Backed Securitization : Blueprints for a New Asset Class," http://www.ecuritization.net/pdf/gerling_new_0302.pdf.

유하고 있는 자산을 담보로 증권화하는 것으로 자산보유자가 자산에 묶여 있는 현금흐름을 창출하는 데 그 목적이 있다.[34]

(2) 사 례

위에서 언급한 자산유동화를 처음 시작한 것은 영화 부분이다. 당시 영화 부문은 과거의 현금 흐름을 명확하게 파악할 수 있어 이를 바탕으로 미래의 현금 흐름을 예측할 수 있었기 때문이라고 한다.[35] 예를 들면, 1997년 데이빗 보위(David Bowie)가 1990년 이전의 25개의 초기 앨범 300곡에 대해서 장래 15년에 걸친 로열티 수입을 담보로 증권이 발행된 경우를 들 수 있다. 이렇게 발행된 증권을 보위 본드(Bowie Bonds)」라고 한다. 이 본드는 약 10년 동안 평균 7.9%에 해당하는 이자를 지급하였다.[36] 또한 1998년 미국의 팝그룹인 슈프림스(The Supremes)를 비롯한 몇 개의 중창단이 부르는 노래에 대한 저작권을 가진 브리언 홀랜드(Brian Holland) 등이 자신들의 저작권을 기초자산으로 유동화하였으며(Celebrity bond),[37][38] 1999년에는

---

34) http://www.fsc.go.kr/know/wrd_list.jsp?menu=7420000&bbsid=BBS0 026&sword= &s=9&e=10&page=18.

35) David Edwards, "Patent Backed Securitization : Blueprints for a New Asset Class," http://www.ecuritization.net/pdf/gerling_new_0302.pdf.

36) Mas Rahmah, S.H., M.H., LL.M, "Promoting intellectual property securitization for financing creative industry in Indonesia: challenges and solutions," 〈http://artsonline.monash.edu.au/indonesian-studies-journal/ files/2015/04/Promoting-intellectual-property-securitization.pdf〉, 최종방문일자: 2018. 9. 2.; Prantik Ray, "Securitization of Intangible Assets(Final Report Submission," p. 4, https://www.slideshare.net/ aishwarykgupta/ securitization-of-intangible-assets.

37) Greenfield Advisors, "Right Securitizations," https://www.greenfieldadvisors. com/bowie-bonds-and-other-intellectual-property-rights-securitizations/.

38) 특허권을 이용한 최초의 유동화 사례는 Yale대학의 에이즈 바이러스 치료약에 대한 특허의 유동화를 들 수 있다. 즉, Yale대학(Licensor)은 유한책임회사인 Pharmaceutical royalties LLC(IP owner)를 설립하여 AIDS치료약에 대한 특허를 양도하고 Biopharma Royalty Trust(SPV)를 통하여 제약회사인 BMS의 특허권 사용허락에 대한 로얄티를 담보로 채권 8,000만 달러와 주식을 합쳐 총 1.15억 달러의 자금을 조달한 경우를 말한다[김남훈·최승

이탈리아에서 007영화를 포함하여 1,000여 편 이상의 세계적인 영화 소유권을 가지고 있는 세찌 고리(Cesshi Gori)가 영화 및 비디오 수입권 등을 기초자산으로 하여 2억 8천만 달러 규모의 유동화증권을 발행한 경우 등을 들 수 있다.[39]

위의 자산유동화의 경우 투자대상은 기업어음 도관회사, 연금펀드, 보험사 등이다. 후순위 담보대출의 경우는 주로 중대형 은행에서, 헤지펀드나 사모펀드는 고액의 투자자, 연금펀드, 보험회사, 기금 등이 주로 투자하였다.[40]

● 도관회사

도관회사(Commercial paper conduit company)란 실질적인 소득이나 자산에 대한 지배 및 관리권 없이 조세회피 목적만을 위해 설립된 회사를 말한다. 1~2명 정도의 직원이 상주하면서 서류전달 등 간단한 업무를 수행한다는 점에서 서류상에서만 존재하는 회사인 페이퍼컴퍼니와 다르다.[41]

위에서 자산유동화라고 할 때에는 상표권 및 프랜차이즈권, 라이선스 계약에 따른 확정·장래 로열티를 기초자산으로 한 유동화였다고 할 수 있다. 그런데 최근에는 프랜차이즈 기업과 같이 지식재산권 자산이 기업의 핵심자산이 되는 경우 사업 전체를 자산유동화의 대상으로 하는 경향도 나타났다. 이를 사업증권화(Whole

---

훈, "자본조달의 새로운 기법, 지적재산권 파이낸싱," 하나 이슈포커스, 하나금융그룹, 2006. 5. 2, 11-12쪽].

39) 김근수, 「지식재산권의 자산유동화에 관한 연구」, 연세대학교 법무대학원 석사학위논문, 2001, 47-48쪽.

40) 이영학, 앞의 보고서, 91쪽.

41) 한경닷컴사전, http://dic.hankyung.com/apps/economy.view?seq=5603.

Business Securities: WBS)라고 하며, 2017년 이러한 형태의 유동화 규모는 2017년 상반기 기준 51억 달러 수준에 달하였다고 한다.[42]

> **● 사업증권화**
>
> 사업증권화는 회사의 특정 사업 및 관련 자산으로부터 창출되는 미래의 수익을 담보로 증권을 발행하여 자금조달을 하는 거래를 말한다. 즉, 사업증권화는 사업의 계속 가치를 확보하고자 하는 증권화이다. 일반적으로 회사의 개개 자산을 매각하는 것보다 사업 전체의 계속 가치를 유동화하게 되면, 회사가 직접 은행대출이나 사채발행을 하는 경우에 비하여 높은 신용등급을 받아 낮은 금리로 장기의 자금조달을 가능하게 된다. 따라서 회사의 재무구조 개선이나 기업 인수의 금융거래를 할 때 높은 금리의 대출 등을 대체하는 리파이낸싱 수단으로 사용된다. 그리고 회사의 회생 과정에서 자체 신용도로 거래가 어려운 경우 자금조달을 가능하게 할 수도 있다.[43]

(3) 지식재산펀드

미국에서 지식재산펀드가 활성화된 배경에는 금융위기 이후 월스트리트의 대체상품 투자 선호와 성숙한 지식재산 거래시장이 존재하였기 때문이다. 즉, 글로벌 금융위기 이후 월스트리트에서는 부실을 초래한 파생상품이 급감하는 대신 위험을 충분히 흡수할 수 있는 구조의 선물옵션 또는 헤지펀드가 증가하였다. 또한 신기술의 흐름으로 기술기업들이 몰락하고 웹기반 기업을 중심으로 재편되자 지식재산 관련 시장의 매출이 증가하고 지식재산에 대한 거래가 활성화되었다.

---

42) 이지영, "우리나라 브랜드 기업의 IP유동화 실현가능성," SCR Issue Report, 서울신용평가(주), 2017. 10. 26, 1쪽.

43) 이영경, "사업증권화의 구조와 법적 문제점,"「증권법연구」제19권 제2호 (한국증권법학회, 2018), 4-5쪽.

특히 미국에서 지식재산이 독립적 투자대상 자산으로 급부상한 배경에는 특허전문회사(NPE)의 다양한 지식재산 비즈니스 모델과의 연계가 깊은 관련이 있다. 물론 최근 미국 내에서 특허전문회사에 대한 규제 강화로 그 증가세가 다소 꺾였으나, 지식재산의 수익화를 목적으로 고도의 전문성을 갖춘 대형 지식재산펀드들이 발행되고 그에 대한 대규모 투자가 지속되고 있다. Acacia와 같은 대규모 지식재산 펀드뿐 아니라 InterDigital 및 Gringo, Qualcomm 등 지식재산을 주요 자산으로 보유한 제조업체이자 주식시장에서 자금조달이 용이한 상장기업들이 지식재산에 대한 투자를 계속 증가시키고 있다. 미국에서의 투자 주체는 헤지펀드의 투자 포트폴리오의 한 부분을 차지하는 '지식재산(IP)펀드'이며, 북미 내에 약 60여 개 지식재산 펀드 중에서 운영 규모가 1,000억 원 이상인 대형펀드는 약 20여 개에 이르고 있다. 지식재산펀드는 미국 연기금이나 골드만삭스, Evercore은행, Lazard은행, Wall Street Investment Banking 및 Altitude Capital, IP Nav Capital, Fortress 등과 같은 헤지펀드의 투자금을 활용하고 있다. 물론 최근 미국 내 특허전문회사의 규제 강화로 특허전문소송에 초점을 둔 지식재산펀드의 활동은 다소 위축되는 추세이나, 수익성이 좋은 지식재산펀드는 여전히 왕성한 활동을 유지하고 있다. 특히 북미 지식재산펀드의 수익성의 상당 부분은 한국기업을 표적으로 삼는 특허전문소송이 차지하며, 이러한 북미 특허전문회사의 특허 공격 규모는 좀처럼 감소하지 않고 있다.

특허전문회사에 의한 국내기업 피소 건수

년도	2010년	2011년	2012년	2013년	2014년	2015년
소송건수	58건	96건	159건	288건	244건	45건*

* 2015년은 1분기 실적으로 전년 동기 대비 8% 상승한 것임.

| **출처** | 박성화·배동석, 앞의 보고서, 17쪽.

● 대표적인 특허괴물

펀드	내용
인텔렉추얼 벤처스 (Intellectual Ventures)	① 미국기업으로 2000년 MS의 나탄 미어볼드(Nathan Myhrvold)와 에드워드 정(Edward Jung)에 의해 공동 설립(2008년초 한국에 지사를 설립) ② 투자기업: MS, 인텔, 소니, 애플, 구글, 이베이 등 ③ 방어목적 특허 수집과 공격적 목적의 특허 수집44) ④ 2009년 삼성전자와 LG전자에 휴대폰 관련 특허 10건에 관해 경고장을 보내 수천억 원대의 사용료를 받기도 했고, 현재 펀드규모는 약 50억 달러
인터디지털 (Interdigita)	① 미국기업으로서, 무선통신 분야에 4,000여 건 이상의 특허를 보유한 최대 규모의 특허괴물 ② 무선통신과 관련된 특허권을 확보한 이후 광범위한 포트폴리오를 구성해 기업들과 협상을 하는 전략을 취하기도 하지만, 특이한 점은 무선통신과 관련된 일련의 기술표준화 작업에도 적극적으로 참여하기도 함 ③ 2005년 삼성전자와의 특허소송에서 승소해 670만 달러의 실시료를 지급받았으며, 엘지전자에서도 2억 8500만 달러의 실시료를 지급받았음
오션 토모 (Ocean Tomo)	① 2003년 특허·상표·저작권 등의 무형자산을 인수해 이전하고 평가하는 특허 컨설팅업체로 출발 ② 지적재산 투자은행(IB)의 개념을 도입한 것이라 평가 ③ 최근에는 금융기관·회계법인·법률사무소 기능을 혼합해 신탁업무뿐만 아니라 지적재산 일체에 대한 거래업무를 대리하는 등 새로운 비즈니스 모델을 만들어 가고 있음

44) 방어적 목적의 특허수집이란 자사 펀드에 투자한 투자기업들에 법적 위협이 될 수 있는 특허들을 중점적으로 사들임으로써 자사 펀드 투자자들이 특허소송을 당하지 않도록 보호하는 경우를 말하고, 공격적 목적의 특허수집이란 제품 생산이나 서비스 제공 없는 라이선싱을 통한 수익모델도 추구하는 경우를 말한다[http://m.ddaily.co.kr/m/m_article/?no=100156].

아카시아 리서치(Acacia Research)	① 1995년 설립된 회사로서 IT분야는 물론 BT 분야에도 투자해 140개 이상의 특허 포트폴리오를 보유하고 있음 ② 삼성전자 · LG전자는 최근에 쌍방향 TV 등에 관해 특허실시 계약을 체결한 바 있음
시스벨(Sisvel)	① 유럽기업으로서, 필립스 · 프랑스텔레콤 등으로부터 가전제품에 관한 특허를 모아 특허풀을 형성하고 관리한 다음 재라이선싱함으로써 수익을 창출 ② 최근 유럽 MPEG 특허를 근거로 샌디스크가 판매하고 있는 MP3 플레이어에 심대한 타격을 준 바 있음

| 출처 | http://m.ddaily.co.kr/m/m_article/?no=100156.

2. 영 국

(1) 지식재산 담보대출

영국은 1985년 회사법에서 채권, 동산, 지식재산을 담보로 제공할 수 있도록 규정하였다.[45] 나아가 2013년 10월 지식재산청(Intellectual Property Office: UKIPO)[46]이 "지식재산에 관한 금융? 기업의 금융거래 및 자금조달에 있어서 지식재산과 무체재산의 역할(Banking on IP? The role of intellectual property and intangible assets in facilitating business finance)" 보고서를 발간하였다. 이 보고서는 중소기업들(Small and medium enterprises: SME)이 미래 국가 경제를 건강하게 할 핵심 요소인데, 대부분의 기업이 고정자산이나 물리적

---

45) 손승우 · 김태원, "지식재산권 담보의 범위와 공시제도," 지식재산연구, 제8권 제3호, 한국지식재산연구원, 2013. 9. 27, 45쪽.

46) Intellectual Property Office, "Intellectual Property: An Overview," https://www.gov.uk/government/organisations/intellectual-property-office..

자산보다는 무체재산에 더 많은 투자를 하는 경향이 있어 이와 관련하여 회사 성장에 필요한 금융거래 및 자금조달 시 무체재산을 얼마나 효과적으로 이용하는지의 여부를 파악하고자 한 것이다.[47] 특히, 지식재산을 다수 보유한 기업들이 부채를 통하여 자금을 조달할 때(debt financing)의 장애 요인을 집중 조명하고자 하였다.[48]

● Banking on IP[49]

Banking on IP는 지식재산 금융을 부채와 자기자본 측면으로 나누어 검토한 내용, 관련 이슈, 정책적 제언 등 크게 4가지 분야로 구성되어 있다. 4가지 분야라 함은 부채 자본조달(은행 대출, 자산담보 대출, 벤처 대출, 개인간 대출), 자기자본 자본조달(크라우드 펀딩, 엔젤 투자, 벤처캐피털), 관련 이슈(가치인식, 모니터링, 회계계정상 가치인식), 정책적 제언(10대 정책적 제언)을 말한다.

나아가 2014년 3월 지식재산청은 후속 보고서인 "지식재산 금융, 능동적인 대응(Banking on IP, An Active Response?)"에서, 2013년 보고서의 문제점을 분석하고 이를 해결하고자 하였다.[50] 또한 2014년 9월에는 「지식재산 시장과 정보 생태계(Markets in IP and enabling information ecosystems)」를 발표하였다. 이 보고서는 지식재산의 가치 분석 및 평가를 위하여 현행 제도를 분석하여, 지식재

---

47) Martin Brassell & Kelvin King, *Banking on IP? The role of intellectual property and intangible assets in facilitating business finance*, Intellectual Property Office, 2013, p. 13.

48) Martin Brassell & Kelvin King, op. cit., p. 59.

49) 강윤식, 「특허기술 활용 촉진을 위한 지식재산권 금융 및 특허거래 활성화 방안 연구」(특허청, 2018. 3), 13쪽.

50) Intellectual Property Office, Banking on IP, An Active Response?, https://assets.publishing.service.gov.uk/government/uploads/system/uploads/attachment_data/file/399462/Banking_on_IP_Active_Response.pdf.

산의 운용 및 소유권, 재정 부담 등과 관련된 정보요구사항
(information requirements)의 표준화를 위한 정보를 제공하고자 하였
다.51)

  최근 2015년 3월 10일에는 소기업들의 자금조달을 위해 지식재
산의 경제적 가치를 제시하는 새로운 「IP 파이낸스 툴킷(IP Finance
toolkit)」 프로그램을 발표하였다. 이 프로그램은 중소기업들이 자
금조달을 할 경우 금융기관에서 지식재산의 가치를 알아보고 인정
할 수 있도록 도와주는 역할을 하였다. 좀 더 세부적으로 보면, 공
장 또는 기계 등 1차산업보다 아이디어 또는 브랜드와 관련된 산업
에 관심을 갖도록 하고, 이를 수단으로 중소기업의 성장에 필요한
자금의 조달을 하기 위한 지식재산의 가치평가에 도움을 주고자
하였다. 즉, 지식재산을 담보로 대출을 하는 기관들은 기업이 보유
한 지식재산에 대해 공감대를 형성하지 못하고 그 가치평가를 절
하하는 경우가 많은데, 이 프로그램을 통하여 지식재산의 가치를
객관적으로 평가하여 줌으로써 대출기관의 자금조달 업무에 도움
을 주고자 한 것이다. 또한 중소기업들이 금융기관에 대출을 신청
할 때, 지식재산의 가치 인정을 위한 가이드라인의 제시, 지식재산
의 효율적 관리 및 상업화 전략의 제시, 지식재산이 풍부한 기업을
위하여 금융거래를 통한 다양한 자금조달의 방법 등을 제시하고자
하였다.52)

---

51) Patrick Towell & Simone Keunen, *IP Markets and Enabling Information Ecosystems*, Intellectual Property Office, 2014, p. 1.
52) Intellectual Property Office, "IP Finance Toolkit, summary part," https://www.gov.uk/government/uploads/system/uploads/ attachment_data/file/478929/ip-finance-toolkit.pdf.

(2) 다양한 형태의 펀드

또한 영국은 기술금융지원 정책으로 글로벌화된 자금조달을 위하여 다양한 펀드를 조성하였다. 즉, 1997년 초기 창업기업의 자본조달을 지원하기 위하여 지역벤처펀드(Regional VC funds)와 기업자본펀드(Enterprise Capital Program) 방식의 프로그램의 마련, 2000년 이후 High Technology Fund(2000년), Regional Venture Capital Fund와 Early Growth Fund(2002-2004년), Enterprise Capital Fund(2006년), Capital for Enterprise(주식 및 메자닌 형태)(2008년)을 운영하였다.[53]

● **Enterprise Capital Fund**

이는 성장 잠재력이 뛰어난 비상장 창업 초기 혁신형 중소기업에 투자하는 16개 세부 펀드로 구성된 재간접투자펀드(정책금융 자금이 모펀드 단계인 정부 재간접투자펀드에 출자되고 자펀드 단계인 민간 벤처캐피털 펀드에서는 정부 재간접투자펀드와 민간의 매칭 출자)이다. 이 펀드는 매칭펀드 형태로 개별기업 투자금액의 2/3 이내에서 최대 5,000만 파운드까지 투자할 수 있고, 지분투자 이외에도 경영, 네트워크 구축, 고객 및 공급망 관리에 대한 자문서비스를 제공한다.

● **High Technology Fund**

이 펀드는 2008년부터 Capital for Enterprise Limited가 운용하고 있는 민간 재간접투자펀드이며, 민간투자자와의 공동투자를 통해 성장가능성이 높은 창업 초기 기술혁신형 중소기업에 투자하는 벤처캐피털에 투자한다. 영국 정부는 2007년까지 High Technology Fund에 약 2,000만 파운드를 출자하였고, 2012년까지 투자약정 금액은 약 1.26억 유로 규모이다.

---

53) 강윤식, 앞의 보고서, 16쪽.

다음으로 기업혁신기술부(Department for Business Innovation & Skills: BIS)의 혁신지원 자금 정책으로 창업 초기 기업을 위한 공공자금 지원 프로그램과 민간펀드가 있다. 전자의 예로는 IIF (Innovation Investment Fund), NEC(New Enterprise Capital Funds), EGS(Enterprise Guarantee Scheme), BFP(Business Finance Partnership), BACF(Business Angel Co-investment Fund) 등이 있고,54) 후자의 예로는 Hermes Environment Impact Fund가 운영하고 있는 UK Innovation Investment Fund가 있다.55)

마지막으로 사업화 펀드로 UK Innovation Investment Fund (UKIIF)와 비즈니스 엔젤 공동투자기금(Business Angel Co-Investment Fund)이 있다. 전자는 2009년 설립된 민관 공동(정부기금 + 민간기금) 투자방식의 모태펀드이다. 지원대상은 R&D를 위한 자금을 필요로 하는 창업기업, 초기 단계 기업들에 집중되어 있으며, 그 외에 R&D 후기단계, VC프로젝트 등에 지원하고 있다. 개별기업에 대한 투자보다는 개별펀드(투자조합)에 투자하는 형태로 운영된다. 운영 절차는 영국 민간 분야 벤처 캐피탈(Venture Capital: VC)펀딩과 동일한 구조로 이루어지는데 4개월의 준비기간과 5개월간의 평가 및 협상 기간 등 총 9개월간의 선정과정을 거쳐 투자가 이루어진다. 주로 디지털기술, 생명과학, 청정기술, 선진제조기술 등 영국의 주요 산업분야 기술에 투자되고 있다. 다음으로 비즈니스 엔젤 공동투자펀드는 창업 초기 성장 잠재력을 지닌 기업들에 엔젤 투자를 지원하기 위하여 마련된 펀드로 2011년 11월 지역성장펀드로부터 5천만 파운드를 출연해 운용을 시작하였다. 중소기업 요건에 준하는 기업이면 산업분야 및 개발단계에 상관없이 모두 지원대상이 되며 전국 전체지역을 대상으로 한다. 투자하는 기업과 직접적인

---

54) 강윤식, 위의 보고서, 17쪽.
55) 강윤식, 위의 보고서, 17-18쪽.

거래가 이루어지는 것이 아니며 투자가 필요한 기업은 먼저 엔젤 신디케이트(syndicate) 혹은 네트워크 등의 협력관계를 먼저 확보하고 있어야 한다. 또한 신디케이트를 구성한 투자자들이 적정한 중소기업들을 선택해 co-fund를 신청한다. 투자는 연속사업보다는 신규사업투자를 권장하고 있으며, 일단 투자가 이루어지면 계약 및 세부 투자구조 등은 신디케이트의 규정에 따른다. 최초 지원 시 10만에서 100만 파운드까지 지원가능하며, 투자최고한도는 49%, 사업참여 지분율은 30%로 제한하고 있다. 기업가들과 엔젤 투자자가 공동으로 운영에 참여할 수 있다는 것이 이 펀드의 특징이다.[56]

3. 일 본

(1) 지식재산 담보대출 및 보증

일본정책금융공고(日本政策金融公庫)가 중소기업에 지식재산 담보대출을 하기 시작했으며, 2013년에는 각의 결정된 현 정권의 정책 비전인 「일본 재흥 전략(日本再興戦略)」에 따라 지역 금융기관이 중소기업의 사업성을 적절히 평가하고 그에 대한 해결책의 제안 및 실행 지원을 하도록 하였다. 뿐만 아니라 특허청도 2014년도부터 지식재산에 대한 사업성 평가서를 금융기관에 제공하여 이에 적극적으로 대처하고자 하였다.[57] 이와 관련 일본은 2013년에 IP Bridge(사)를 설립하였다.[58]

---

56) 강윤석, 위의 보고서, 19-20쪽.

57) 肥塚直人, "知的財産と金融 昔と今 ― 最新のトレンドと知的財産を切り口とした事業性評価の可能性," IP マネジメントレビュー, 17号, 知的財産教育協会, 2015. 10. 28, 4頁.

58) 손승우, 앞의 보고서, 68쪽.

● IP Bridge(사)

　　IP Bridge(사)는 일본 기업이 보유하고 있는 미활용 특허의 이용을 활성화시키기 위해 설립 자금 9천만 엔 및 지식재산 펀드 운영자금 약 28억 엔을 출자하여 설립한 회사로, 주식회사 산업혁신기구 (INCJ)(일본 정부와 26개의 일본 주요 기업의 기금으로 형성된 지정 관리직)를 포함한 투자자들과 3,500개의 특허 포트폴리오로 수익 창출을 활성화시키는 역할을 담당하고 있다. 활용가능한 지식재산의 범위는 모터부터 반도체, 모바일부터 디스플레이 테크놀로지까지 다양하다. 또한 기술혁신을 가속화하기 위하여 특허 소유자에게 라이선스 비용을 지급하며, 회사는 약 1억 달러의 전용 IP 펀드를 보유하고 있다.[59]

　　나아가 2014년 3월 25일에는 일본 경제산업성(MRETI)과 일본 특허청(JPO)이 중소기업이 보유한 지식재산을 금융기관이 연구개발이나 사업화의 금융거래 및 자금조달에 필요한 담보로 설정할 수 있도록 차별화 기술평가 지원 계획을 발표하였다.[60] 이러한 기술평가에는 특허, 실용신안 및 디자인 등 권리화된 지식재산 이외에 기술실현에 필요한 영업비밀 관련 주변 기술의 일부도 가능한 범위 내에서 평가받을 수 있도록 하였다.[61][62]

---

59) https://www.jetro.go.jp/en/mjcompany/ip_bridge_kr.html.

60) 1993년부터 일본정책투자은행을 중심으로 미즈호은행, 미츠이신탁은행, 요코하마은행, 도쿄 미쯔비시은행, 호우와은행 등이 있다(강윤석, 앞의 보고서, 44쪽).

61) 최철, 앞의 글, 87쪽.

62) 관련 사례로는 2005년 UFJ신탁은행이 건축회사의 재산권(실용신안권)을 담보로 금융권에서 2억 엔의 대출을 한 경우, 미즈호 신탁은행이 특정기업의 저작권을 담보로 20억 엔의 수익증권을 발행하여 투자자들에게 판매한 경우 등을 들 수 있다(김남훈·최승훈, 앞의 자료, 6쪽).

(2) 지식재산의 유동화

일본의 금융시장은 주로 은행 대출 위주의 간접금융의 형태를 취하고 있어서 지식재산의 증권화에 의한 자금조달은 미국에 비해 뒤늦게 시작하였다.[63] 일본에서 본격적인 자산 유동화의 시작은 1993년의 「특정 채권 등에 관한 법률」(特定債権等に係る事業の規制に関する法律)의 성립에 따라 리스, 크레디트 채권의 유동화의 정비인데, 그 이후 대상 자산이 점차 확대됨과 동시에 (2000년 자산유동화법 개정에서 대상 자산의 제한이 해제되었음) 자산 유동화 증권 발행액이 크게 증가하였다. 당시 유동화의 대상이 된 자산은 매우 다양하여, 철도 차량, 자동차, 선박, 컴퓨터, 의료기기 등 동산뿐만 아니라 오피스 빌딩이나 호텔 등 부동산까지 포함되었다.[64]

지식재산을 금융거래 및 자금조달의 수단으로 본격적으로 이용한 것은 2002년 「지식재산입국(知的財産立國)」을 선언하면서부터이다.[65] 그해 7월 「지식재산 전략대강(知的財産戦略大綱)」의 책정, 11월 지식재산기본법의 성립, 2003년 3월 같은 법 시행령에 따른 지식재산전략본부의 설치, 동년 7월 지식재산추진계획 2003이 책정되어 실시되었다.[66] 관련 사례로는 2002년의 지상파 TV 방송권(저

---

63) 권재열, "지식재산권 증권화를 통한 자금조달," 증권법연구, 제5권 2호, 한국증권법학회, 2004. 12, 241쪽.

64) 渡辺宏之, "資産流動化対象資産としての知的財産," 「知財研紀要」(知的財産研究所, 2004), 114-115頁, http://www.iip.or.jp/pdf/fellow/detail03j/15_20.pdf.

65) 이와 관련 2000년 이후 이루어졌는데, 그 최초의 사례로는 2000년 ㈜코나미(コナミ)에 의한 게임 펀드인 「ときめき」메모리얼을 사용하여 게임의 제작·판매 자금을 조달한 경우를 들 수 있다. 이어 2003년 스카라사(スカラ社)의 특허권 ABS라고 할 수 있다[山口まみ, "知的財産権による資金調達の新展開," Best Value, vol. 8), 2005. 1, http://www.vmi.co.jp/info/bestvalue/pdf/bv08/bv08_06.pdf.

66) 左藤辰彦, "「知的財産立国宣言」以降の知的財産制度改革の状況," パテント,

작권의 일종)의 유동화가 그 시초이고, 2003년에는 특허권의 유동화가 시작되었다. 전자는 영화사인 송죽(松竹)이 TV동경에 대하여, 영화 "남자는 괴로워(男はつらいよ)" 시리즈 전 48편 중 미방영 3편의 TV방영을 허락하고, 해당 콘텐츠 저작권을 송죽으로부터 양도받은 특정목적회사(Special Purpose Company)가 TV동경으로부터의 TV방영권료를 뒷받침하는 일본흥업은행(日本興業銀行)으로부터 자금조달을 한 사례이다. 후자의 특허권 유동화는 스카라사(スカラ社, 광과학계의 특허를 보유한 광학렌즈 분야의 벤처기업)가 송하전기그룹(松下電器グループ)의 벤처지원회사 '핀체인지(ピンチェンジ)'사에 4가지 특허권(전용실시권)을 부여했는데, 이 특허권을 SPC에 양도하고 특허권의 로열티를 뒷받침하여 SPC가 사채 등을 발행하여 자금을 조달한 사례이다.[67]

(3) 지식재산을 대상으로 한 신탁

2004년에는 신탁회사가 지식재산을 수탁할 수 있도록 「신탁업법(信託業法)」을 개정하여 지식재산을 대상으로 한 상품 판매의 기틀을 마련하였고,[68] 2005년 10월에는 「동산 및 채권의 양도의 대항요건에 관한 민법의 특례 등에 관한 법률(動産及び債権の讓渡の対抗要件に関する民法の特例等に関する法律)」에서 동기가 동산양도의 대항요건으로 추가됨으로써 지식재산(일부 제한이 있는 경우 제외)이 질권의 목적물로 이용 가능하게 되었다.[69]

Vol. 60 no. 12, 2007, 56頁.

67) 渡辺宏之, 앞의 글, 115頁.

68) 손승우·김태원, "지식재산권 담보의 범위와 공시제도," 지식재산연구, 8권 3호, 한국지식재산연구원, 2013. 9, 45쪽.

69) 관련 근거로는 일본 특허법 제73조, 실용신안법 제19조 제3항, 의장법 제28조 3항, 상표법 제31조 제4항을 들 수 있다.

(4) 지식재산 플랫폼 펀드

2009년에는 Life Science IP 플랫폼 펀드(LSIP)가 조성되었다. 즉, 약 1,000억 엔의 자본금과 8,000억 엔의 정부 보증금을 기반으로 2009년 7월 설립된 산업혁신기구(Innovation Network Corporation of Japan: INCJ)와 함께 2010년 8월 민·관 공동으로 IP펀드를 출범시켰다. 이 펀드의 주요 투자자는 ICNJ로 동 기구는 혁신적인 기술의 실용화를 위한 연구개발에 자금을 지원할 목적으로 가지며 혁신적인 기술의 실용화를 위한 연구개발 및 성장 가능성이 있으나 자금력이 부족한 대학이나 벤처기업이 보유한 혁신적인 기술에 자금을 공급하고 실용화를 지원하여 일본 경제의 지속적인 성장을 도모하

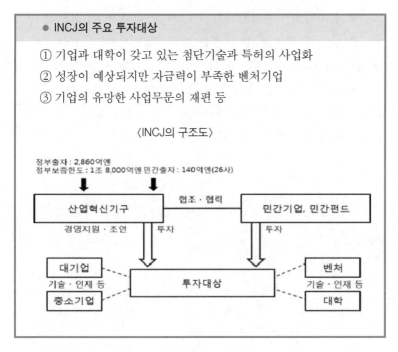

|출처| 장태성, "중견기업 해외진출 촉진을 위한 정책금융 효율화 방안," http://www. kmfa.or.kr/down/2016/0502.pdf, 19쪽.

기 위하여 출자한 투자펀드이다. 특히 전통적으로 강점 분야인 환경과 생명공학 분야에 대한 연구개발을 가속화하기 위해 설립된 이 펀드는 혁신기술의 실용화와 함께 성장이 기대되는 분야에서 일본 기업의 해외 진출 등을 적극 지원하고자 하며, 「산업활력의 재생 및 산업 활동의 혁신에 관한 특별조치법(産業活力の再生及び産業活動の革新に関する特別措置法, 2013년 폐지됨)」에 근거하여 운영된다.[70]

4. 중 국

(1) 지식재산 담보대출

중국의 지식재산권 담보제도는 1995년 「담보법」에 의하여 지식재산을 담보로 설정할 수 있음을 명문화하면서 시작되었다. 하지만 당시 시장에서의 이용 실적은 매우 저조하였다. 이러한 지식재산권에 대한 담보대출이 활성화된 것은 2008년 국가지식산권국(国家知识产权局, CNIPA)[71] 주도하에 주요 지방정부를 중심으로 지식재산 담보대출을 시범 실시한 후라고 할 수 있다.[72]

---

70) 손승우, 앞의 보고서, 66-67쪽.

71) 국가지식산권국은 국무원 판공청 비서국(国务院办公厅秘书局)의 '국무원 기구 영문명 발표에 관한 통지'에 따라, 2018년 8월 28일부터 영문 기관명을 기존의 SIPO(State Intellectual Property Office)에서 CNIPA(China National Intellectual Property Administration)로 변경한다고 발표하였다[https://www.kiip.re.kr/board/trend/view.do?bd_gb=trend&bd_cd=1&bd_item=0&po_item_gb=CN&po_no=18010].

72) 강윤식, 앞의 보고서, 46쪽.

중국 지식재산(특허권) 담보대출 현황　　　　　　　　(단위: 억 위안)

연도	2011	2012	2013	2014	2015	2016
담보대출	90	141	254	489	560	356

중국에서 시행되고 있는 지식재산 담보 대출의 유형은 크게 정부의 지원을 바탕으로 운용되는 정부 지원형과 시장의 운영에 맡기는 시장 운영형으로 나눌 수 있다. 정부 지원형은 정부가 기업이 지식재산 담보대출을 받을 수 있게 직간접적인 지원을 제공하는 것이고, 시장 운영형은 정부의 개입 없이 기업과 금융권 간 거래하는 방식이다. 지식재산 금융은 금융기관이 통제할 수 없는 가치의 변동 위험성을 수반하므로 유형자산의 담보대출에 비해 은행들이 기피하는 것은 당연하다. 이러한 환경을 타파하기 위한 중국 지방정부의 노력이 다양한 정부 지원형 모델을 만들었다. 상하이의 경우 정부가 담보회사를 설립하여 담보 신청을 접수하고 심사하고, 담보 위험을 95%까지 부담하는 정부 주도형 담보대출을 운영하고 있다. 베이징의 경우 교통은행 베이징 지점의 다양한 지식재산 담보 상품을 중심으로 기업과 은행이 주도로 담보대출을 처리하되, 정부는 확정된 담보대출에 대해 기업에 대출 이자를 보조하는 모델을 택하고 있다. 우한 모델은 상하이 모델과 베이징 모델을 결합한 형태로, 정부가 담보 위험을 책임지면서 이자까지 보조하는 형태이다. 안후이성은 담보물로 설정된 지식재산의 가치가 하락했을 경우 지방정부가 그 손실을 일정 부분 보상하는 제도를 운영하고 있다.[73]

나아가 2014년 1월 7일 국가지식산권국(國家知識產权局) 등이 공

---

73) 조아라, "중국의 지식재산권 금융정책 분석을 통한 기업의 지식재산권 경쟁력 강화 방안 연구," 특허청, 2018. 6, 5쪽.

동74)으로 금융을 통한 과학기술 혁신을 지원하기 위한 「대대적인 혁신체계 추진과 과학기술 금융서비스 시행에 관한 의견(关于大力推进体制机制创新扎实做好科技金融服务的意见)75)」을 제정 발표하였다. 이는 2002년 중국 국무원이 발표한 「과학기술 체계 개혁 심화와 국가 혁신 체계건설 가속화에 관한 의견(中共中央国务院关于深化科技体制改革加快国家创新体系建设的意见)76)」을 실천하기 위한 구체적인 방안이라고 한다. 2014년 의견서에서 과학기술 관련 대출상품과 서비스 모델의 혁신 추진을 가속화하고, 과학기술 혁신 발전을 위한 규범에 적합한 다원화된 대출 경로의 개척, 과학기술과 금융의 결합 시험 시행을 심화 실시하는 등의 내용이 포함되어 있다. 나아가 지식재산 담보대출 시스템 발전을 위하여 지식재산 가치평가, 등록, 위탁관리 등에 관한 서비스 능력을 강화하여야 한다고 주장하면서 지식재산에 대한 질권 설정 및 지식재산 담보 절차의 간소화 등을 추진하도록 하였다.77)

이와 관련하여 2014년 7월 중국정부가 출자하여 설립한 최초의 지식재산 운영 전문 국유기업인 베이징 지식재산 운영관리 유한공사는 건설은행과 공동으로 지식재산권 담보대출 상품인 '쯔룽바오(智融宝)78)'를 출시하여 과학기술 중소기업 1,000개 이상에게 상품

---

74) 당시 참여기관은 中国人民银行, 科技部, 银监会, 证监会, 保监会, 知识产权局이다.

75) http://www.sipo.gov.cn/ztzl/zlzyrzybx/zlzyrzybxzcwj/1109637.htm.

76) http://www.gov.cn/jrzg/2012-09/23/content_2231413.htm.

77) http://www.sipo.gov.cn/ztzl/zlzyrzybx/zlzyrzybxzcwj/1109637.htm.

78) 쯔룽바오는 중국 최초로 부가 조건 없이 순전히 지식재산만을 담보로 기업에게 융자를 제공하는 상품으로 과학기술형 중소기업의 혁신 발전에 도움을 주는 것을 목적으로 한다. 쯔룽바오의 가장 큰 특징은 지식재산을 유일한 담보로 하며 기업의 다른 기타 자산 및 신용을 담보로 하지 않는다는 점이다. 500만 위안 이내의 대출은 빠른 대출 승인 시스템을 적용하여 15일의 대출 승인 기간이 소요되며, 하이뎬구의 기업은 금융비용의 50%에 해당하는 금액을 보조금으로 받을 수 있으며 최고 100만 위안까지 가능하다(강

을 적용하고자 하였다. 나아가 이러한 지식재산 담보 융자의 확대
를 위하여 관련 기관이 협력하여 지식재산 담보 융자 리스크 보상
기금을 설치하였다.[79) 이 기금의 설립으로 산동성 지식산권국은
산동성 전체의 혁신 창업 발전을 촉진하고, 중소기업에 대한 은행
의 융자서비스 지원 능력을 강화하고자 하였으며, 대출받기가 어려
웠던 중소기업에게 지식재산 담보 융자 서비스 혜택 확대가 가능
하도록 하였다.[80)

지식재산 담보융자 리스크 보상기금 지원 내용

구분	지원 내용
보상대상	• 중소기업 지식재산 담보대출의 부실채권을 대상 • 대출 손실 발생 시 40%까지 보상 가능
필수요건	• 협력은행은 중소기업에게 기금 계좌 총액의 10배 이상의 비율로 지식재산 담보대출 제공 • 대출 금리 인상폭은 인민은행의 동 기간 기준금리의 30% 이하
자격조건	• 중소기업 분류 기준에 부합하는 기업 (중국 공업정보화부, 재정부 등 기관에서 명시)
심사기준	• 협력 은행의 연대출 규모, 리스크 관리, 금리 우대혜택, 서비스 품질 등의 성과 심사 예정(산동성 과학기술청, 지식산권국, 재정청)

나아가 중점산업 지식재산권 운영기금과 관련해서는 베이징시
지식산권국 및 북경시 재정국은 공동으로 「2015년 지식재산권 운

윤식, 앞의 보고서, 48쪽).
79) 이 기금은 산동성 과학기술청, 산동성 지식산권국, 산동성 재정청 이치루
　　은행, 교통은행 산동성 지사와 협력으로 설립하였다(강윤식, 앞의 보고서,
　　47-48쪽).
80) 강윤식, 앞의 보고서, 47-48쪽.

영 서비스 업무 시장화 방식 추진에 대한 통지(关于做好2015年以市场化方式促进知识产权运营服务工作的通知)」에 근거하여 중점산업 지식재산권 운영기금을 기획하고 준비하며, 지속적인 사회 자본의 참여를 독려하고, 자본과 중점산업 항목의 유효한 연계를 실현하여 베이징시의 중점산업 영역에서 핵심 지식재산권 기업의 시장 경쟁력을 향상시키고, 혁신 효율 증대를 목적으로 기금을 조성하였다.[81] 나아가 베이징시 지식산권국은 동 기금을 통해 미래 산업 발전에 있어서 지식재산권의 중요성을 더욱 부각시키고, 고부가가치 특허의 창출과 활용을 강화하게 될 것이라고 한다.[82]

동 운영기금의 주요 내용[83]

목적	• 사회 자본의 지속적 참여 독려 • 핵심 지식재산권 기업의 시장경쟁력을 향상 및 효율 증대
조성방식	• 10년 동안 10억 위안 조성
기 모집액	• 9,500만 위안 정부기금 출자(중앙 정부와 베이징시 등) • 3억500만 위안 출자, 당시 4억 위반 모집(기업 및 지식재산 서비스기관 등)
운영방식	• 핵심 특허와 고부가가치 특허 포트폴리오에 집중 투자(예정) • 특색있는 지식재산권 운영 기관에 사용(성장가능성 높은 초기 산업과 성장기의 기업) • 단계적으로 주식투자의 방식으로 확대될 예정

81) 강윤식, 위의 보고서, 48-49쪽.

82) https://www.kiip.re.kr/board/trend/view.do?bd_gb=trend&bd_cd=1&bd_item=0&po_item_gb=CN&po_no=15302.

83) https://www.kiip.re.kr/board/trend/view.do?bd_gb=trend&bd_cd=1&bd_item=0&po_item_gb=CN&po_no=15302.

(2) 지식재산펀드

펀드와 관련해서는 2010년 10월 설립한 IP-Bank China와 2011
년 6월 설립한 텐진 Binhai International IP Exchange 등 2개의 IP
펀드가 조성되어 있었다. 동 펀드는 특허 이전, 라이선싱, 지식재산
권 시장 가치의 현실화, 다양한 종류의 시제품 출시, 지식재산권 관
련 시범사업과 지식재산권의 경쟁력을 도모하는 데 그 목적이 있
다. 최근에는 베이징 지방정부가 샤오미, TCL, Kingsoft 등 중국내
기업들과 함께 루이취안 펀드라는 특허매입 펀드를 조성하여 특허
매입에 집중하고 있다.[84]

> ● 루이취안 펀드
>
> 2014년 베이징 지방정부가 샤오미 및 TCL, Kongsoft 등 자국기업
> 들과 함께 약 9,000만 달러 규모의 특허를 매입하여 국부펀드
> (sovereign Backed Fund)를 조성하였다. 루이취안 펀드는 미국의
> RPX와 유사한 사업을 영위하는 특허투자 전문기업인 Zhigu를 통해
> 운영되며 스마트 디바이스와 모바일 인터넷 관련 특허 매입에 집중하
> 고 있다.
>
> 이 펀드는 주로 중국기업을 보호하기 위하여 필요한 지식재산권을
> 개발하고 취득하는 방어적 목적이 강하나, 일부를 혁신에 투자하는 지
> 식벤처와도 유사한 활동을 하고 있고, 다른 나라의 국부펀드와는 달리
> 샤오미나 ZTE같이 특허 풀(pool)을 갖추어 이미 방어가 가능한 가업들
> 은 펀드에 참여하지 않고, 최근 성장세이나 특허소송 방어가 불가능하
> 여 소송위협의 우려가 있는 샤오미 등만 펀드에 참여하고 있다.[85]

---

84) 손승우, 「중소기업 IP보호펀드 운영 방안 연구」(특허청, 2017. 12), 70쪽.
85) 강윤식, 앞의 보고서, 49쪽.

제**4**장

지식재산권을 통한
자금조달의 방법

제1절

서 설[1]

　지식재산을 활용한 금융거래 및 자금조달 형태의 기본 구조는 지식재산을 자산으로 파악하고 이를 통해 현금 흐름(cashflow)을 형성하여 거래하는 방식이다. 즉, 지식재산이 현금흐름의 창출 능력이 있는 자산으로 전환되고 금융제공자(financier)가 현금 흐름과 관련된 위험을 평가하여 자금을 제공하고 그에 따른 수익을 얻고자 하는 것이다.[2]

　이러한 금융거래 및 자금조달의 방식으로는 크게 지식재산 대출과 지식재산 펀드로 구분할 수 있다. 지식재산 대출은 기존의 집과 토지를 담보로 받는 것처럼 지식재산을 담보로 하여 성장에 필요한 자금을 지원받는 경우를 말한다. 이러한 자금조달 방식은 자금력은 약하지만 우수한 기술력을 보유한 중소기업에게 큰 도움이 될 수 있다. 반면 지식재산 펀드는 지식재산은 있으나 자금이 부족해 개발이 어려운 기업이 지식재산의 소유권을 펀드에 넘기고, 펀드가 지급한 자금을 밑천으로 사업을 진행시키는 방식이다.[3] 구체적으로는 지식재산의 관리를 통한 금융거래 및 자금조달(라이선스

---

1) 이하의 내용은 고재종, "지식재산권을 기반으로 한 기업의 자금조달의 문제점 및 개선 방안," 「지식과 권리」 통권 21호(대한변리사회, 2018), 67-79쪽을 수정 · 변경 · 보완한 것임.

2) 최철, "지식재산권과 금융의 결합," Global IP Trend 2014, 한국지식재산연구원, 2014. 12, 80쪽.

3) https://www.kiip.re.kr/webzine/1809/focus01.jsp.

의 관리), 지식재산의 처분을 통한 금융거래 및 자금조달(양도 내지 매매), 지식재산의 신탁, 지식재산 담보대출(IP backed loan)과 보증 (IP warranty), 지식재산의 증권화 내지 유동화(securitization) 등을 들 수 있다.4)

향후 지식재산을 통한 금융거래 및 자금조달의 방법은 더욱 다양해질 것으로 판단된다. 이처럼 다양한 형태의 금융기법의 등장은 결국 자금조달과 관련하여 발생하는 거래 비용의 감소, 수익대비 위험 요소의 최소화, 위험 분산을 가져오게 된다는 점에서 지식재산 금융 기업의 진화라고 할 수 있다.5)

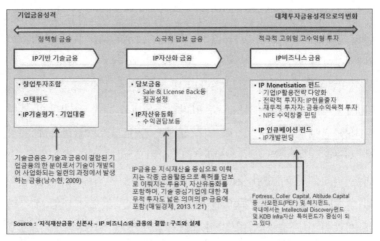

| 출처 | 박성화·배동성, "지식재산권 환경변화에 능동적으로 대비하기 위한 지식재산권 동향정보 서비스," 「이슈페이퍼」(한국지식재산연구원, 2015. 5. 27), 5쪽 재인용.

---

4) 강윤석, "특허기술 활용 촉진을 위한 지식재산권 금융 및 특허거래 활성화 방안 연구," 특허청, 2018. 3, 9-10쪽.
5) 최철, 앞의 글, 82쪽.

제2절
지식재산의 담보대출과 보증

1. 지식재산의 담보대출

(1) 개념 및 법적 근거

지식재산의 담보대출이란 채권 회수의 수단으로 지식재산에 대한 질권 설정이나 비전형 담보물권인 양도담보를 설정하여 대출하는 방법을 말한다.

우리나라는 1990년대 후반부터 특허에 관한 담보 대출제도를 시행하였으나, 당시에는 담보된 지식재산(IP)의 회수 문제로 큰 손실만 남기고 실패하였다.[6] 이후 2013년 3월 19일 특허청이 산업은행과 지식재산 담보대출의 시행을 위한 업무협약을 체결함으로써 본격적으로 지식재산에 대한 담보대출이 가능하게 되었다. 따라서 특허는 물론 상표, 디자인 등을 보유한 중소·중견기업이 물적 담보 없이 지식재산에 대하여 최대 20억 원까지 담보대출을 받을 수 있게 되었다.[7]

이 제도에 대한 법적 근거는 지식재산을 타인에게 양도할 수 있

---

[6] 실패한 원인은 부실이 발생하더라도 담보 대상인 지식재산권을 매도하여 대출금을 회수하는 것이 불가능하였기 때문이다(박준석, "지적재산권 신탁에 관한 고찰," 저스티스, 통권 제151호, 한국법학원, 2015. 12, 233쪽).

[7] 대한변리사회, "지식재산권만으로도 담보대출 가능," 특허와 상표, 2013. 3. 23, http://www.kpaanews.or.kr/news/view.html?section=2&category =11&page=17&no=1347.

는 범위 내의 권리질권을 인정하여 등록원부에 기재하고 채권의 담보로 제공하도록 선언적 규정을 둔 「지식재산기본법(제25조 제1항 제5호 등)」, 「과학기술기본법(제16조의3 제1항 제5호 등)」, 「기술의 이전 및 사업화 촉진에 관한 법률(제15조 제1항 등)」, 지식재산의 담보권에 대한 등록과 관련한 「동산·채권 등의 담보에 관한 법률(제58조)」 등을 들 수 있다. 질권 설정이나 공시방법에 대해서는 「특허법(제121조-제123조)」, 「실용신안법(제28조)」, 「상표법(제62조-제63조)」, 「디자인보호법(제56-제57조)」 등을 들 수 있다.8)

(2) 담보대출 현황

특허청은 시중은행과 업무협약(MOU)를 통해 은행의 지식재산 담보대출 상품의 출시를 지원하였다. 이에 산업은행은 2013년 3월 최초로 지식재산 담보대출을 시행하였고, 이어 기업은행이 2014년 4월부터, 국민은행은 2015년 3월부터 지식재산 담보대출을 시행하였다.

지식재산 담보대출 현황 (단위: 억 원)

구분	2013년	2014년	2015년	2016년	2017년
산업	148	466	482	198	841
기업	-	631	302	2	25
국민	-	-	57	2	-
신한·우리	-	19	-	-	-

| 출처 | 금융위원회·특허청, "지식재산권(IP) 금융 활성화 종합대책", 2018. 12, 2쪽.

---

8) 담보의 목적으로 지재권을 양도받은 경우에는 지재권의 리스, 이용허락(license)은 질권이 설정된 경우와 달리 공시방법을 구분할 수 없으므로 양도담보권자가 이를 행사할 수 있다.

나아가 지식재산 담보대출의 부실이 발생할 때에는 모태펀드를 통해 담보물인 IP를 매입하는 회수지원펀드를 결성하여 은행의 리스크 부담을 완화하였다. 구체적인 펀드 규모를 보면, 산업은행의 경우 20억 원(2013년 9월), 기업은행 50억 원(2014년 7월, 2016년 10월), 국민은행 30억 원(2015년 2월)에 이르고 있다.9)

● **한국모태펀드**

① 개 념

한국모태펀드는 매년 예산배정에 따라 투자금액이 결정되는 등 공급자 위주 투자정책에서 탈피하여 시장수요를 반영한 회수 재원의 재순환방식으로 안정적인 벤처투자의 재원 공급 체계를 마련하기 위하여 「벤처기업육성에 관한 특별조치법」에 따라 2005년 결성되어 운영 중인 펀드이다. 정책의 효율성 제고를 위하여 투자 재원은 정부가 공급하되, 투자에 대한 의사결정은 전문기관인 '한국벤처투자(주)'가 담당하고 있다.

② 운용구조

출자자*	
⇩(모태조합 출자)	
모태조합(Fund of Funds)	
⇩출자	⇧모태조합자산운용
투자조합	투자관리전문기관(한국벤처투자(주))
⇩투자	⇧
중소 · 벤처기업	모태조합운용협의회
	*①⇩⇧*②
	중소벤처기업부

---

9) 금융위원회 · 특허청, "지식재산권(IP) 금융 활성화 종합대책," 2018. 12, 2쪽.

* 출자자: 중소벤처기업부, 중소기업진흥공단, 문화체육관광부, 특허청, 영화진흥위원회, 과학기술정보통신부, 고용노동부, 보건복지부, 국민체육진흥공단, 교육부, 환경부)
* ① 모태조합운용계획제출운용실적보고, * ② 모태조합운용지침

| 출처 | http://k-vic.co.kr/business/business1_1_1.

(3) 담보대출의 유형과 그 절차

지식재산의 담보대출 방법은 질권 설정을 통한 담보대출 방법과 Sale and license back 방법을 들 수 있다.

1) 지식재산 담보대출

지식재산의 담보대출이란 기업이 보유한 특허권 등의 지식재산 (IP)에 대해 가치평가를 실시하고, 그 결과를 바탕으로 지식재산을

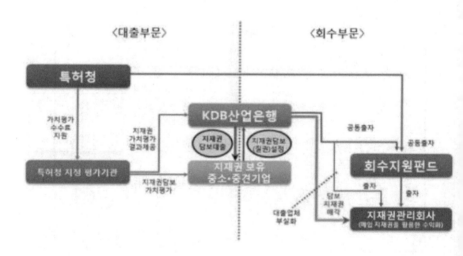

| 출처 | http://www.joseilbo.com/news/htmls/2013/10/20131007196354.html.

정식 담보(질권 설정)로 인정하는 대출상품이다.[10] 그에 대한 절차
를 보면 앞의 그림과 같다.[11]

  통상 지식재산권은 질권 중 권리질권에 해당되며, 구체적인 질
권 설정 방법은 특허법(제121조 등), 디자인보호법(제108조 등), 상표
법(제104조 등), 저작권법(제47조 등) 등에서 규정하고 있다.

● **지식재산 담보대출 우수사례**[12]

  ① 아이디벤처스(IDV) 등은 A기관이 보유한 통신표준특허(LTE,
3G)에 2017년 말 투자했고, 소송 및 라이선스 협상으로 1년 8개월 만
에 수익이 발생하여 투자금의 3배를 회수한 바 있음
  ② 벤처기업인 "셀파스페이스"는 식물용 맞춤형 광원기술에 대한
특허로 투자를 유치하고 제품 개발에 매진한 결과, 기존 기술의 한계
를 극복한 성과를 인정받아 2020년 미국 CES(Consumer Electronics
Show)에서 혁신상을 수상하였음.

---

2) 세일 앤드 라이선스백

  세일 앤드 라이선스 백(Sale and license back)은 물적 담보 및 신용
대출이 어려운 중소기업을 대상으로 보유하고 있는 지식재산의 매
각을 통해 자금을 조달하고 대신 상환기간 동안 실시료를 지급하
며 자금상환 시 소유권을 찾아오는 방식이다. 이는 부동산 시장에
서 자금조달 수단의 일환인 세일 앤 리스 백(Sale and lease back)[13]

---

10) "산업銀, 국내최초 지식재산권 담보대출 시행," 조세일보, 2013. 10. 7,
   http://www.joseilbo.com/news/htmls/2013/10/20131007196354.html.
11) 위의 사이트.
12) https://www.futurekorea.co.kr/news/articleView.html?idxno=126330.
13) 세일 앤드 리스백이란 기업이 소유하던 부동산을 매각한 후 다시 매각한
   부동산을 임차해서 사용하는 형태를 말한다. 매각한 기업의 입장에서는 현
   금을 확보할 수 있으며 매입한 회사 입장에서는 소유권을 가지고 일정한 금

을 지식재산 시장의 개념에 맞게 변형한 개념이다.14) 산업은행은
2013년 1,000억 원 펀드(KDB Pioneer IP 펀드)를 조성한 후 아이디어
브릿지에 자산 운영을 위탁하면서 이 방식을 도입하였다. 이 방식
에 대해서는 물적 담보 및 신용등급이 낮아 자금조달에 어려움을
겪고 있는 중소기업이 큰 관심을 보이고 있다. 현재 재무적 투자자
(산업은행), 펀드운용사(아이디어브릿지 자산운용), 지식재산 평가기관
(한국발명진흥회 지식재산평가 거래센터)의 3기관이 협업을 통해 이 방
식으로 대출하고 있다.15) 그 구체적인 절차는 다음과 같다.

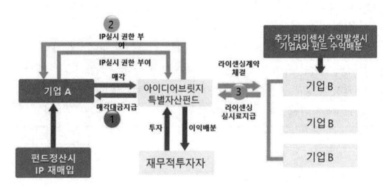

산업은행과 아이디어브릿지 자산운용(주)의 Sale & License back 구조

| 출처 | 조경선, "지식재산권 담보대출과 세일 앤드 라이선스백(Sale and licenseback)," 「
조경선의 IP금융특강」, 2020. 6. 16, 5/7쪽.

리로 안정적인 임대수입을 확보할 수 있는 자산유동화의 한 형태라고 할 수
있다[조경선, "지식재산권 담보대출과 세일 앤드 라이선스백(Sale and
license back)," 「조경선의 IP금융특강」, 2020. 6. 16, 4/7쪽].

14) 부동산을 임대할 때에는 'lease'라는 개념을 사용하지만, 지식재산권을 임
대(실시권 허용)할 때에는 'license'라는 용어를 사용한다(조경선, 위의 자료
4/7쪽).

15) 박문기, 「IP담보대출을 위한 상표권 가치평가 모델 개발(최종보고서)」(특
허청, 2013. 11), 12-13쪽.

3) 지식재산 담보대출과 세일 앤드 라이선스백의 비교

양자는 지식재산을 기반으로 자금을 융통한다는 점에서 유사하다. 반면 ① 권리확보의 수단이 지식재산 담보대출의 경우는 질권 설정을, 세일 앤드 라이선스 백은 소유권 이전을 수단으로 한다는 점, ② 자금회수 방법과 관련하여 전자는 은행이 회수지원 펀드를 통해 리스크를 헤지하지만 후자는 소유권을 확보한 자산운용사가 회수활동을 통해 자금회수를 한다는 점, ③ 전자는 연차료 지급 등 관리책임이 부담이 적은 반면 후자는 지식재산 보유에 따른 관리책임상 부담16)이 크다는 점에서 차이가 있다.17)

2. 지식재산의 보증

(1) 개　념

지식재산의 보증이라 함은 우수 지식재산(IP)의 창업·인수·사업화 촉진을 위해 금융지원을 하는 제도로, 지식재산(IP)(미등록 경우 포함)에 대해 기술적 가치를 평가하여 가치 금액을 산출하고, 산출된 그 금액의 범위 내에서 사업화 또는 인수자금을 금융기관 등이 보증 지원하는 제도를 말한다.18)

(2) 지식재산의 평가보증과 인수보증

1) 평가보증

지식재산 평가보증이란 신청기술을 개발 완료한 후 사업화하는

---

16) 특허권 등 지식재산 소유자는 권리를 계속해서 유지하기 위해서 정부에 연차료 수수료를 납부해야 하는 부담이 있다.

17) 조경선, 위의 자료, 5/7-6/7쪽.

18) 중소기업청, "2015년도 중소기업 지원시책," 2015. 1, 203-204쪽.

기업(전용실시권자 포함)의 지식재산을 평가하여 우수 지식재산(IP)과 일반 지식재산(IP) 사업화 기업으로 구분하여 보증하는 제도를 말한다. 평가 대상은 특허권, 저작권 등 인간의 창조 활동으로 만들어 낸 무형자산으로 재산적 가치가 실현될 수 있는 지식재산권으로 산업재산권(특허권, 실용신안권, 디자인권, 상표권), 저작권(저작권, 저작인접권), 신지식재산권(산업저작권, 첨단산업재산권, 정보재산권, 신상표권 등)을 포함한다. 이렇게 평가된 지식재산권에 대해서는 부분보증의 비율을 90~95%, 보증료를 0~0.5%로 감면시켜주고 있다.[19] 평가료의 지원 연계 상품은 다음과 같다.

협약보증 대상	내용
금융기관	• 기금은 가치평가를 통해 보증서와 가치평가서를 제공 • 은행은 평가료 지원 및 보증부 대출 취급 • 협약금융기관이 기금에 출연하여 협약보증에 수반되는 기술가치평가료(건당 3백만 원) 지원
특허청	• 기업이 보유한 특허의 가치를 평가(평가비용 지원) • 평가료 5백만 원 지원(특허청: 300만 원, 금융기관 또는 신청기관: 200만 원 부담)
과학기술정보통신부(SW 지식재산권)	• 기업이 보유한 SW지식재산권(특허, 프로그램)의 가치를 평가(평가비용 지원) • 기술평가료 5백만 원 지원(전액 과학기술정보통신부 부담)

| 출처 | https://www.kibo.or.kr:444/src/guarantee/kba499.asp.

2) 인수보증
지식재산을 인수·사업화하는 기업을 지원하는 보증을 말한다.

---

19) https://www.kibo.or.kr:444/src/guarantee/kba499.asp.

대상기업으로는 지식재산의 사업화를 위하여 매매, 실시권 허락 등의 방법으로 지식재산권의 인수를 추진하는 기업이며, 대상자금은 대상기업의 금융기관 등으로부터 융통하는 지식재산 인수부터 사업화까지 전 단계에 소요되는 자금이다. 우대내용으로는 부분보증 비율 95%, 보증료는 0.3%를 면제해 주고 있다.[20]

인수보증 대상기업[21]

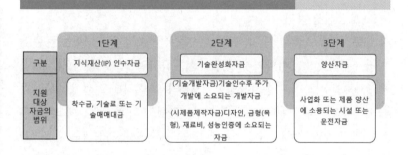

지원 절차[22]

신청금액	⇨	3억 원 초과	3억 원 이하
기술평가	⇨	등급평가 + 가치평가 (평가료 5백만 원)	등급평가 (평가료 20만 원)
보증심사	⇨	B등급 이상 지원	
보증서발급	⇨	보증특약 지원(계좌입금)	

20) https://www.kibo.or.kr:444/src/guarantee/kba499.asp.
21) 위의 사이트.
22) 위의 사이트.

(3) 지식재산 보증의 예

1) 기술보증기금의 경우

㈎ 개 념

기술보증기금에서의 보증제도란 담보능력이 미약한 기업이 보유하고 있는 무형의 기술을 심사하여 동 기금이 기술보증서를 발급하여 줌으로써 금융기관 등으로부터 자금을 지원받을 수 있는 제도를 말한다.[23]

㈏ 보증신청 자격

보증신청을 할 수 있는 기업으로는 ① 신기술사업을 영위하는 중소기업, ② 중소기업 이외의 기업으로 신기술사업을 영위하는 상시종업원 1,000인 이하이고 총자산액이 1,000억 원 이하인 기업, ③ 산업기술연구조합이다. 다만, 이들 중에서 「은행업 감독 규정」에 의한 주채무계열 소속 기업(기업구매자금대출, 기업구매전용카드대출 및 무역금융에 대한 보증에 대해서는 상위 30대 계열기업군 소속기업만 제외)은 보증대상에서 제외된다.

여기서 신기술사업이란 제품개발 및 공정개발을 위한 연구사업, 연구개발의 성과를 기업화, 제품화하는 사업, 기술도입 및 도입기술의 소화 개량사업, 다른 법령에서 규정된 기술개발사업, 기타 생산성향상, 품질향상, 제조원가절감, 에너지절약 등 현저한 경제적 성과를 올릴 수 있는 기술을 개발 또는 응용하여 기업화, 제품화하는 사업을 말한다. 물론 이와 관련하여 업종별 제한은 없으나 주로 제조, 연구 및 개발, 기술 서비스업종 등이 해당되며, 기타 업종을 영위하는 기업도 보증대상에 포함된다. 다만, 다음의 기업은 보증금지 내지 보증제한을 받는다.[24]

---

23) https://www.kibo.or.kr:444/src/guarantee/kba100.asp.
24) 위의 사이트.

● 보증금지기업[25)]

① 부당하게 채무를 면탈하여 기금의 건전성을 훼손한 자
② 제1호의 자가 대표자(실제 경영자 포함)로 되어 있는 기업
③ 제1호의 자가 법인인 경우 그 법인의 이사, 업무집행자 또는 업무집행사원 중 다음 각 목의 어느 하나에 해당하는 사람이 경영하는 기업 또는 이들이 대표자로 되어 있는 기업

　가. 주주 또는 유한책임사원 1명과 「국세기본법 시행령」 제1조의2 제1항 제1호부터 제3호까지의 어느 하나에 해당하는 관계에 있는 사람의 소유주식 또는 출자액의 합계액이 그 법인의 발행주식 총액 또는 출자 총액의 100분의 50을 초과하는 이사 또는 업무집행자

　나. 업무집행사원인 무한책임사원

● 보증제한기업[26)]

① 휴업중인 기업
② 보증금지기업의 연대보증인인 기업
③ 보증금지기업의 연대보증인인 사람이 대표자(실제경영자 포함)로 되어 있는 법인기업
④ 신용관리정보대상자인 기업
⑤ 다음 각 목의 어느 하나에 해당하는 자가 신용관리정보대상자인 기업

　가. 대표자
　나. 실제경영자
　다. 관계기업 중 주력기업

⑥ 파산·회생절차개시의 신청 또는 채무불이행자 명부등재의 신청이 있거나 청산에 들어간 기업

---

25) https://www.kibo.or.kr:444/src/guarantee/kba110.asp
26) https://www.kibo.or.kr:444/src/guarantee/kba110.asp.

⑦ 금융회사 대출금을 빈번하게 연체하고 있는 기업

⑧ "금융부조리 관련 기업"으로서 보증제한기간이 경과하지 아니한 기업

⑨ 우리기금, 신용보증기금 및 신용보증재단의 보증사고기업(사고처리유보기업 포함)

⑩ 우리기금 보증사고기업(사고처리유보기업 포함)의 연대보증인인 기업

⑪ 우리기금 보증사고기업(사고처리유보기업 포함)의 연대보증인이 대표자(실제경영자 포함)로 되어 있는 기업

⑫ 다음 각 목의 어느 하나에 해당하는 기업

가. 기금이 보증채무를 이행한 후 채권을 변제받지 못한 기업 중 보증금지기업에 해당하지 않는 기업

나. 신용보증기금이 보증채무를 이행한 후 채권을 변제받지 못한 기업

다. 신용보증재단이 보증채무를 이행한 후 채권을 변제받지 못한 기업

라. 유동화회사보증의 개별회사채 발행기업 또는 대출기업으로서 사채인수계약서 또는 대출약정서에서 정하는 기한의 이익 상실 사유가 발생하여 채무불이행상태에 있는 기업

⑬ 다음 각 목의 어느 하나에 해당하는 사람이 대표자(실제경영자 포함)로 되어 있는 기업

가. 위 "12호" 기업이 법인기업인 경우 그 기업의 이사, 업무집행자 또는 업무집행사원 중 보증금지기업 3호 각 목의 어느 하나에 해당하는 사람

나. 위 "12호" 기업이 개인기업인 경우 그 개인(공동경영자 포함)

다. 위 "12호" 기업의 실제경영자

⑭ 위 "12호" 기업의 연대보증인인 기업 또는 연대보증인인 사람이 대표자(실제경영자 포함)로 되어 있는 법인기업

㈐ 중점지원 대상기업 및 우대지원 내용

중점지원 대상기업으로는 기술혁신 선도형 중소기업이다. 기술혁신 선도형 중소기업이란 기술력이 있고 미래 성장 가능성이 높은 차세대 핵심기업 및 신기술의 채택이나 기술혁신으로 경쟁력을 확보하여 기술혁신을 선도·파급하는 기업 또는 성장할 가능성이 높은 기업을 말한다. 이러한 중점지원 대상기업에 대해서는 보증심사방법 등에서 우대하여 보다 손쉽게 보증지원을 받을 수 있다. 구체적으로는 우선적으로 보증 지원을 받을 수 있고, 또한 보증비율 우대(90% 이상 단, 창업 후 7년 이내 한)를 받을 수 있다.[27]

● **중점지원 대상기업**[28]

① 벤처·이노비즈기업
② 다음 업종 영위기업 중 기술사업평가등급 B 이상인 기업
- 10대 차세대 성장동력산업 새창으로 보기
- 미래성장유망산업(6T) 새창으로 보기
- 조세특례제한법 시행령에 따른 기술집약산업 새창으로 보기
- 17대 신성장동력산업 새창으로 보기
- 산업통상자원부 발표 '그린에너지산업 발전전략' 관련산업 새창으로 보기
- 신에너지 및 재생에너지개발·이용·보급촉진법 등에서 정하고 있는 신·재생에너지 관련산업 새창으로 보기
- 녹색성장산업 (한국환경산업기술원 환경정책자금 융자승인받은 기업 포함) 새창으로 보기
- 부품·소재전문기업 등의 육성에 관한 특별조치법에 따른 부품·소재업종 새창으로 보기
- 혁신형 지식서비스산업 및 선도콘텐츠산업 새창으로 보기

---

27) https://www.kibo.or.kr:444/src/guarantee/kba130.asp.
28) https://www.kibo.or.kr:444/src/guarantee/kba110.asp.

③ 기술인증 획득기업
④ 기술개발사업 수행기업 또는 기술력 인정기업
⑤ 기술관련상 수상기업

㈜ 보증 이용절차

보증신청 ⇨	신청기업	• 인터넷 신청(홈페이지 내 사이버 영업점) • 기보 영업점 신청
⇩		
상담 ⇨	평가 담당자 (영업점)	• 고객상담통해 계속진행여부 결정 및 서류 준비안내 • 기술사업의 주요 내용 파악(기술력 사전 점 검 체크리스트)
⇩		
접수 및 조사자료 수집 ⇨	평가 담당자 (영업점)	• 기술사업계획서 등 제출 • 기타 필요서류 직접 수집(기금 직원) • 보증처리과정 모니터링 실시
⇩		
기술평가 및 조사 ⇨	평가 담당자 (영업점)	• 신청기업 수집자료 예비검토·현장 평가 실 시 • 기술개발능력·제품화능력·생산능력 및 경영상태, 자금상태 등 확인
⇩		
심사 승인 ⇨	심사·평가 담당자 (영업점)	• 기업의 기술력·사업전망·경영능력·신용 상태 등 종합 점검·승인
⇩		
보증서 발급 ⇨	평가 담당자 (영업점)	• 채권기관에 전자보증서 발급

| 출처 | https://www.kibo.or.kr:444/src/guarantee/kba110.asp.

⒨ 보증상품

상품	내용
예비창업자 사전보증	일자리창출 방안으로 구직에서 창직·창업으로의 창업분위기 조성 및 기업 생애 주기별 기술금융 생태계 구축하는 제도
청년창업기업 우대 프로그램	고용 없는 성장 시대에 기술력을 보유한 젊은 인재들의 활발한 창업 유도와 청년창업 활성화로 우리 경제의 미래성장 잠재력을 확충하기 위해 마련된 제도
맞춤형 창업 성장 프로그램	기술력 기반 창업 활성화와 일자리 창출을 도모하기 위한 수요자 중심의 맞춤형 창업 성장 지원제도
마이스터 기술창업보증	사업화 가능한 숙련된 기술을 확보하고 있는 대·중견기업 내 기술경력 창업자의 창업을 유도하기 위한 지원 프로그램
프론티어 벤처기업 보증	프론티어 벤처기업 보증은 기업의 미래성장 가능성이 높은 우수벤처기업을 육성하는데 목적을 두고 운영중인 제도
우수기술 사업화지원	교수 및 연구원들이 연구를 통하여 획득한 기술을 직접 사업화로 연계하기 위한 창업을 유도하고 연구결과의 상업화를 촉진시키기 위해 운영 중인 제도
원클릭 보증	고객이 영업점 방문 없이 온라인상에서 마우스 클릭만으로 보증 결과를 예측할 수 있는 빅데이터 기반 보증상품
소셜벤처 임팩트 보증	사회적 약자 보호, 환경 보전, 일자리 제공 등 다양한 사회적가치를 창출하고자 하는 기술혁신 기업 및 공인(예비)사회적기업에 대한 보증지원 위해 운영중인 제도
국내복귀기업 우대보증	국내 경기부양 및 일자리 창출을 위해 해외진출기업의 국내복귀 시 성공적인 국내 정착과 경쟁력 강화를 위한 보증지원 위해 운영 중인 제도
클린플러스보증	기업 경영활동에 빈번하게 발생되는 운영자금 집행의 편의성을 촉진하기 위한 상품

| 출처 | https://www.kibo.or.kr:444/src/guarantee/kba110.asp.

2) 신용보증기금의 경우[29]

㈎ 보증 대상기업 및 유형

신용보증기금이 보증하는 대상기업은 지식재산을 개발·이전·사업화·보유 및 사업에 활용하고 있는 기업이며, 보증의 유형은 아래의 도표와 같다.

대상 기업

개발자금 보증	지식재산을 개발하고자 하는 기업
이전자금 보증	지식재산을 이전하고자 하는 기업
사업화자금 보증	지식재산을 사업화하고자 하는 기업
가치평가 보증 우대 보증	지식재산을 보유하고 있고 이를 사업에 활용하고 있는 기업
개발자금 보증	연구개발비, 기자재 구입비 또는 시제품 제작비 등 연구개발(R&D) 단계에서 소요되는 자금에 대한 보증
이전자금 보증	지식재산권 보유자로부터 지식재산권을 이전받거나, 이전받을 지식재산권의 기술완성을 위한 추가 연구개발에 소요되는 자금에 대한 보증
사업화자금 보증	R&D 성공과제, 이전받은 지식재산권 등을 바탕으로 사업화하는 과정에서 소요되는 자금에 대한 보증
프로젝트자금 보증	개발단계부터 사업화 단계까지 소요되는 자금을 일괄 지원하는 보증
가치평가 보증	당해 지식재산권을 활용하여 제품 및 서비스의 생산, 마케팅 등에 소요되는 자금을 지원하는 보증
우대 보증	지식재산권을 활용하여 사업을 영위하거나 그 밖에 사업 확장 또는 지식재산권 재창출 등을 위해 소요되는 자금을 지원하는 보증

| 출처 | https://www.kodit.co.kr/work/crdt_guar/crdt_guar/crdt_gd/new_gd/intPro.jsp.

---

29) "신용보증기금 지식재산권(IP)보증 안내," 〈http://www.ibusiness.co.kr/pds/infomation2.pdf〉, 최종방문일자: 2018. 9. 2.

(내) 보증대상자금 및 대상과제

보증대상자금은 보증의 유형에 따라 차이가 있지만, 통상 연구개발비, 시험생산시설 건설비, 지식재산권 이전비, 생산비용, 마케팅비용, 개발자금 보증·사업화 자급 보증, 사업 확장 및 지식재산권 재창출 비용 등을 들 수 있다. 나아가, 이들에 대한 보증 한도에는 일정한 제한이 있다.[30]

개발 및 사업화에 소요되는 운전자금 및 시설자금

개발자금 보증	연구개발비,[31] 시험생산시설 건설비 등
이전자금 보증	지식재산권 이전비, 연구개발비 등
사업화자금 보증	생산비용·마케팅 비용, 생산시설 건설비 등
프로젝트자금 보증	개발자금보증 + 사업화자금 보증
가치평가 보증	생산비용, 마케팅비용
우대 보증	사업확장, 지식재산권재창출

| 출처 | https://www.kodit.co.kr/work/crdt_guar/crdt_guar/crdt_gd/new_gd/intPro.jsp.

대상과제

창출단계 소요자금 지원	개발자금 보증	자체 R&D 과제
		정부 R&D 과제
거래단계 소요자금 지원	이전자금 보증	특허, 실용신안권, 디자인권 등 이전과제
사업화단계 소요자금 지원	사업자금 보증	자체 R&D 성공 과제
		정부 R&D 성공 과제
		산업재산권 등 사업화 과제[32]

---

30) 위의 사이트.
31) 인건비, 연구기자재비, 재료비, 위탁연구개발비, 시제품 제작비 등

개발부터 사업화 단계까지 전과정 소요자금 지원	프로젝트자금 보증	개발자금 보증 대상과제 +사업화자금 보증 대상과제(R&D 과제 개발 성공 시 지원)
활용촉진단계 자금 지원	가치평가 보증	기술평가기관으로부터 가치평가를 받은 지식재산권
	우대 보증	특허법, 실용신안법, 디자인보호법에 따라 등록된 지식재산권[33]

| 출처 | https://www.kodit.co.kr/work/crdt_guar/crdt_guar/crdt_gd/new_gd/intPro. jsp.

---

32) 산업재산권(특허권, 실용신안권, 디자인권, 상표권), 저작권, 신지식재산 권(컴퓨터 프로그램 및 소프트웨어, 반도체 회로배치 설계 등).

33) 기술력평가점수 70점 또는 SMART 3B등급 이상(신용등급에 따라 CCC-C 등급도 해당).

제3절 지식재산의 유동화

1. 의　의

(1) 개　념

　지식재산의 유동화란 지식재산권을 기초로 증권 등을 발행하여 일반투자자로부터 자금을 조달하는 것으로 자산유동화의 한 유형이라고 할 수 있다.[34] 유동화란 금융 분야에서 자산과 채권을 증권화(securitisation)하는 것을 의미하며,[35] 자산유동화라 함은 유동화 전문회사가 자산보유자로부터 유동화 자산을 양도받아 이를 기초로 유동화증권을 발행하고, 당해 유동화자산의 관리 · 운용 · 처분에 의한 수익이나 차입금 등으로 유동화증권의 원리금 또는 배당금을 지급하는 일련의 행위를 말한다.[36] 나아가 지식재산 내지 자산을 경제적으로 담보하여 발행하는 증권을 자산담보부증권 또는 자산유동화증권(ABS)라고 하고, 이러한 증권화를 통해 유동화가 촉진된다고 할 수 있다.[37]

---

34) 맹수석, "지식재산권의 신탁과 유동화 방안,"「증권법연구」제7권 제2호 (한국증권법학회, 2006. 12), 260쪽.
35) 이준호,「중소 · 중견기업 지원을 위한 지식재산 금융 활성화 방안 연구」(특허청, 2018. 6), 49쪽.
36) 자산유동화에 관한 법률 제2조 제1항 가목.
37) 권재열, "지적재산권 증권화를 통한 자금조달," 1쪽, http://ksla.org/sinye_ another6/1268353515-1.pdf.

이처럼 지식재산에 대한 자산유동화가 이루어지면 자산보유자
는 다양한 방법에 의하여 자금조달이 가능해지며, 유동성이 낮고
고정화되어 있던 자산을 유동성 있는 금융상품으로 변화시킬 수
있게 된다. 또한 자산을 유동화시키게 되면, 자금조달 비용이 절약
될 수 있는 점, 자금조달자가 아니라 자산 자체의 신용에 의한 자금
조달이 가능한 점, 은행 등의 간접금융 의존으로부터 탈피할 수 있
는 점, 자산의 부외거래에 의한 재무개선이 이루어질 수 있는 점 등
의 이점이 있어서 은행 대출 등에 비하여 유리하다고 한다.[38]

(2) 자산유동화의 대상

자산유동화의 대상은 「자산 유동화에 관한 법률(자산유동화법이라
함)」에 규정되어 있다.[39] 이 법 제2조 제3호에 의하면, 자산유동화
의 대상을 "채권, 부동산 기타 재산권"으로 정하고 있다. 나아가 자
산유동화의 대상이 되는 자산이 되려면 ① 매매가 가능하고 자산
보유자(originator)의 파산 시 파산재단으로부터 분리될 수 있어야
하며, ② 자산의 회수 및 지급이 자산보유자로부터 분리될 수 있어
야 하고, ③ 자산채무자의 신용도가 우수하여야 하며, ④ 자산의 기
존 회수실적과 현금흐름에 관하여 최근 자료가 있어야 한다는 요
건을 갖추어야 한다.[40]

지식재산권은 위의 자산유동화의 대상 중에서 '기타 재산권'에
해당되며 자산유동화 대상이 되는 자산이 되기 위한 요건을 갖추

---

38) 知的財産研究所 編, 『知的財産權の信託』(雄松堂出版, 2004). 170-171頁.

39) 자산유동화법은 1998년 9월 16일 「자산 유동화에 관한 법률(자산유동화
    법이라 함)」이 제정되었으며, 가장 최근의 개정으로는 2020. 2. 4일 일부
    개정이 이루어졌다[https://www.lawnb.com/Info/ContentView?sid=L000
    000519].

40) 자산유동화 실무연구회, 「금융혁명 ABS-자산유동화의 구조와 실무」, 한
    국경제신문사, 1999, 12쪽.

면 자산유동화법상의 대상에 포함된다고 하겠다. 구체적으로 기술, 시장, 저작과 관련한 3가지의 자산으로 나눠진다. 이들 각각의 자산별로 자산의 특성에 따라 평가방식은 다르지만, 일반적으로 미래의 현금흐름에 대한 추정을 근거로 가치를 평가하는 수익환원법이 널리 사용되고 있는 상황이다. 반면 사례비교법은 시장에서의 유사사례를 취득하기가 어려운 경우가 많아 드물게 사용되는 편이다. 비용접근법은 유사한 자산을 취득하기 위해 요구되는 비용을 추정함으로써 가치를 평가하는 방법으로 실제로 비용과 동등한 가치를 갖는 경우는 거의 없기 때문에 거의 사용되지 않고 있다.

관련분야	대상자산	평가방법
기술관련	특허, 실용신안, 영업비밀	기술가치평가(수익환원법, 비용접근법, 거래사례비교법)
시장관련	브랜드, 상표, 상호	브랜드평가, 수익환원법
저작관련	저작재산권, 저작인격권	기술가치평가(수익환원법, 거래사례비교법)

| 출처 | https://4ir.kisti.re.kr/ick/cmmn/viewPost/20180214000056.

2. 지식재산의 유동화 방식

자산유동화법에 의하면, 지식재산의 유동화 방식으로 자산유동화 회사를 이용하는 방식과 신탁을 이용하는 방식의 2가지로 구분하고 있다(자산유동화법 제2조 제1호). 또한 지식재산으로부터 발생하는 현금흐름을 기초로 유동화 증권을 발행하는 것으로 지식재산 자체를 유동화하는 방법, 지식재산의 로열티채권을 유동화하는 방법, 지식재산 담보부 대출 채권을 유동화하는 방법, 구조화된 라이선싱을 통한 장래 로열티 채권을 유동화하는 방법으로도 구분할 수 있다.[41]

---

41) 이 외에도 직접금융방식에 의한 유동화와 간접금융방식에 의한 유동화로

(1) 자산유동화법상의 구분

1) 자산유동화 전문회사를 이용한 방식

자산의 유동화라 함은 유동화 전문회사(자산유동화업무를 전업으로 하는 외국법인을 포함한다)가 자산보유자로부터 유동화 자산을 양도받아 이를 기초로 유동화증권을 발행하고, 당해 유동화 자산의 관리·운용·처분에 의한 수익이나 차입금 등으로 유동화증권의 원리금 또는 배당금을 지급하는 일련의 행위라고 규정하여 유동화 전문회사를 이용한 자산유동화를 규정하고 있다(자산유동화법 제2조 제1호 가목).

여기서 자산유동화 전문회사(Special purpose company, SPC)란 자

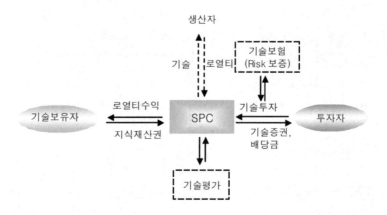

| 출처 | 손수정, 「지식재산권의 증권화(Securitization)를 위한 탐색연구」(과학기술정책 연구원, 2007. 8), 35쪽.

구분할 수도 있다. 전자는 지식재산으로부터 장래 발생할 현금흐름을 예상하고 이것을 기초로 가치를 평가한 다음 자산보유자가 보유한 특허권 기타 지식재산을 매매나 양도의 방식으로 유동화 전문회사로 이전시키고 동 회사는 제3자에 대한 실시권에 의하여 장래에 발생되는 로열티 수익을 전제로 지식재산의 취득에 필요한 자금을 조달하게 된다. 반면 후자는 지식재산 그 자체가 아니라 지식재산에 대한 라이선스로부터 비롯된 로열티 채권을 대상자산으로 하는 방식이다.

산유동화 업무를 영위하는 유한회사를 말한다(자산유동화법 제2조 제
5호; 제17조 제1항). 동 회사는 자산유동화계획에 따라, ① 유동화 자
산의 양수·양도 또는 다른 신탁업자에게 위탁, ② 유동화 자산의
관리·운용 및 처분, ③ 유동화증권의 발행 및 상환, ④ 자산유동화
계획의 수행에 필요한 계약의 체결, ⑤ 유동화증권의 상환 등에 필
요한 자금의 일시적인 차입, ⑥ 여유자금의 투자, ⑦ 기타 제1호 내
지 제6호의 업무에 부수하는 업무를 수행하게 된다(같은 법 제22조
제1항).

자산유동화 전문회사를 이용한 지식재산의 유동화 방식은 위에
서 보는 바와 같이 기술보유자와 유동화 전문회사 그리고 투자자
에 의하여 이루어진다. 먼저, 기술보유자는 자금조달을 위하여 유
동화 전문회사에 지식재산을 위임하고 유동화 전문회사는 유동화
증권(Asset Backed Securities: ABS)을 발행하여 투자자를 모집한다.
또한 위임받은 기술을 생산자에게 라이선스 형태로 대여하여 그
에 대한 로열티를 얻게 된다. 이 로열티 수입의 일정 부분은 기술
보유자에게 지급되고, 투자자에게는 투자배당금의 형태로 지급된
다.[42)

2) 신탁을 이용하는 방식

신탁을 이용한 지식재산의 유동화에 대해서도 자산유동화법 제2
조 제1호에 규정을 두고 있다. 즉, 자산유동화에 ① 「자본시장과
금융투자업에 관한 법률」에 따른 신탁업자(이하 "신탁업자"라 한다)
가 자산보유자로부터 유동화 자산을 신탁받아 이를 기초로 유동화
증권을 발행하고, 당해 유동화 자산의 관리·운용·처분에 의한 수
익이나 차입금 등으로 유동화증권의 수익금을 지급하는 일련의 행

---

42) 손수정, 「지식재산권의 증권화(Securitization)를 위한 탐색연구」(과학기
술정책연구원, 2007. 8), 35-36쪽.

위(같은 법 제2조 제1호 나목), ② 신탁업자가 유동화증권을 발행하여 신탁받은 금전으로 자산보유자로부터 유동화자산을 양도받아 당해 유동화자산의 관리·운용·처분에 의한 수익이나 차입금 등으로 유동화증권의 수익금을 지급하는 일련의 행위(같은 호 다목)를 포함하고 있어서 신탁에 의한 지식재산의 유동화가 가능하다고 하겠다. 즉, 위 ①은 신탁수익권의 양도를 통한 유동화, ②는 담보 형태의 유동화라고 할 수 있다.

먼저, 신탁수익권의 양도를 통한 지식재산의 유동화란 자산보유자가 신탁은행에 유동화자산을 신탁하고, 그 담보로부터 얻은 수익권을 유동화 전문회사(Special Purpose Company: SPC)에 양도하고, SPC는 그 수익권에 대한 현금흐름을 담보로 투자자들에게 증권을 발행하는 형태이다. 이 형태는 자산유동화의 목적이 금융거래 및 자금조달이므로 지식재산의 유통성이 크다면 그 목적 실현이 용이하다고 한다.

다음으로 담보 목적의 형태로, 이는 자산보유자가 유동화자산을 신탁은행에 신탁하면서, 수익자를 자산보유자(제1수익자) 및 SPC(제2수익자)로 하는 경우를 말한다. 제2수익자인 SPC는 자산보유자에게 대출을 하면서, 그 담보로 신탁수익자를 변경한다. 즉, 신탁재산에서 배당과 교부는 통상적으로 자산보유자만이 취하지만, 자산보유자의 신용 불안이나 채무불이행 사유가 발생하면 수익자가 바뀌어 SPC만이 배당 및 교부를 받게 되는 형태이다.[43] 이러한 실무상 절차를 도식화하면 다음과 같다.[44]

---

43) 맹수석, "지식재산권 신탁과 유동화 방안,"「증권법연구」(한국증권법학회, 2012. 6), 266-267쪽.
44) 김남훈·최승훈, 앞의 글, 6쪽.

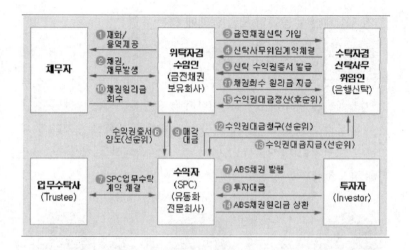

3) 양자의 구별

위의 신탁을 통한 자산유동화 방식과 자산유동화 전문회사를 통한 유동화 방식을 비교하여 보면 다음과 같다.[45)

방식	자산유동화 전문회사 방식	신탁 방식
구체적 방식	유동화 전문회사	특정목적 신탁
지식재산의 소유권	양도	신탁
로열티 등 금전채권	양도	신탁
자금운용형태	유가증권(사채)	유가증권(수익증권)
양도성/유동성	높음	높음
자금조달의 기동성	낮음	낮음
근거 법률	자산유동화에 관한 법률	좌동
소규모자금조달 가능성	낮음	높음
제작개발 자금의 조달	낮음	높음

---

45) 김남훈·최승훈, 위의 글, 4쪽.

(2) 지식재산 유동화의 도입 형태에 따른 유형

1) 지식재산 자체의 유동화

이 유동화는 유동화 전문회사(SPC)가 지식재산 보유기업으로부터 지식재산을 양수하고 이에 기반하여 유동화증권을 발행하는 구조로 유동화 전문회사는 지식재산 보유기업과 라이선스 계약을 체결하고 그로부터 발생하는 로열티 수익, 지식재산 매각 대금 등을 통해 유동화증권과 상환하게 된다.[46)]

지식재산 자체의 유동화는 자산유동화의 개요 및 유동화증권의 신용등급을 결정하기 위한 평가 방법에 따라 기본적인 통제구조를 평가한 후 지식재산의 현금창출능력을 기반으로 평가하게 된다. 일반적으로 지식재산의 현금창출능력 수준은 과거 로열티 수입 실적, 지식재산 매매가격 및 유사 가격 사례 등을 통해 판단할 수 있으나, 실무적으로 이에 해당하는 사례는 매우 드물다. 다만, 평가자는 무형자산 가치평가 방법을 통해 지식재산의 특성을 고려한 평가를 수행할 수 있으며, 이러한 평가 결과를 유동화 자산의 신용위험 평가에 반영할 수 있다.[47)]

2) 지식재산 로열티채권 유동화

이 유동화는 유동화 전문회사가 지식재산의 보유기업이 보유한

---

46) 이지영 · 김준섭 · 박민식, "IP유동화 평가방법론," 서울신용평가(주), 2018. 1. 8, 4쪽; http://www.scri.co.kr/webzine/file/201806/link_file_.pdf.
47) 이지영 · 김준섭 · 박민식, 위의 자료, 4쪽.

지식재산 로열티 채권을 양수하고 이를 기반으로 유동화증권을 발행하는 구조이다. 지식재산 보유기업은 라이선스 계약에 따라 라이선시로부터 취득한 로열티 수령권을 유동화 전문회사에 양도하고 특정목적회사인 SPC는 라이선시가 지급하는 로열티 수입을 통해 유동화증권을 상환하게 된다.[48]

이러한 유동화증권의 신용등급은 기본적으로 매출채권 유동화 평가방법[49]에 따라 평가하게 된다. 예를 들면, 서울신용평가(주)의 경우는 산업별 평가방법론을 통해 라이선시의 신용등급을 평가하고, 유동화 통제구조를 분석하게 된다. 특히 본 유형에서는 지식재산 보유기업의 지식재산에 대한 행정 및 법률 관리 주체, 라이선스 계약의 로열티 지급조건 등을 면밀히 확인하여 현금흐름의 통제 수준을 검토하여야 한다.[50]

---

48) 이지영·김준섭·박민식, 위의 자료, 4쪽.
49) 매출채권 유동화는 유동화증권의 상환 재원이 되는 기초자산의 현존 여부에 따라 확정매출채권 유동화와 장래매출채권 유동화로 분류된다. 전자는 유동화증권 발행 시점 이후 어느 시점에 자산보유자에 대한 credit event가 발생하더라도 유동화증권의 상환 재원이 되는 매출채권이 기 발생하여 금액이 확정된 상태로 존재하므로 원칙적으로 자산보유자의 신용위험으로부터 절연이 가능하다. 반면 후자는 자산보유자가 지속적인 영업활동을 통해 매출채권을 발생시켜야만 유동화증권 원리금 상환 재원이 전액 확보될 수 있다는 점에서 유동화증권의 상환가능성이 자산보유자의 신용도에서 완전히 자유로울 수는 없다고 한다[성호재·김형석, "매출채권 유동화 평가방법론(2018)," 「Rating Methodology」(한국신용평가, 2018. 8), 4쪽].
50) 이지영·김준섭·박민식, 앞의 자료, 4쪽.

3) 지식재산 담보부 대출 채권의 유동화

이 유동화는 지식재산 보유기업이 지식재산을 담보로 채권을 발행하고 유동화 전문회사가 이를 인수하여 유동화증권을 발행하는 구조이다. 지식재산 보유기업은 지식재산을 담보로 제공하여 자금을 원활하게 조달하고, 유동화 전문회사는 지식재산 보유기업이 채무불이행 등의 사유로 대출채권의 원리금을 지급하지 못하는 경우 담보인 지식재산을 처분하거나 라이선스 등을 통해 유동화증권의 상환 재원을 마련하게 된다.[51]

지식재산 담보부 채권 유동화는 자산유동화의 개요 및 유동화증권의 신용등급을 결정하기 위한 평가방법에 따라 기본적 통제구조를 평가하고, 산업별 평가 방법론을 적용하여 산출된 차주의 신용등급을 기반으로 평가하게 된다. 추가로 특정 채무 신용평가 방법론에 따라 담보를 통한 회수가능성 및 예상회수율을 평가하여 유동화증권의 최종 신용등급을 결정한다. 담보부 채무의 경우 다른 특정 채무에 비하여 일반적으로 원리금 회수가능성이 높은 편이지만 거래시장이 활성화되어 있지 않는 지식재산의 경우 그에 대한 담보가치를 평가함에는 현실적 어려움이 있다. 다만, 평가자는 예외적으로 지식재산의 특성을 고려하여 그에 대한 담보가치를 평가할 수 있으며, 이를 기준으로 유동화증권의 신용등급도 평가가 가능하다고 한다.[52]

---

51) 이지영 · 김준섭 · 박민식, 위의 자료, 5쪽.
52) 이지영 · 김준섭 · 박민식, 위의 자료, 5쪽.

4) 구조화된 라이선싱을 통한 유동화

구조화된 라이선싱(Structured Licensing)이란 지식재산의 보유기업이 지식재산의 유동화를 목적으로 지식재산을 유동화 전문회사에 양도하고 라이선스 계약을 체결하는 거래 형태를 말한다. 유동화 전문회사는 라이선스 계약에 따라 최초 지식재산의 보유기업에 전용실시권을 부여하고 지식재산 보유기업으로부터 로열티의 수취권을 보유하게 된다. 구조화된 라이선싱을 통한 유동화는 유동화 전문회사가 이러한 로열티 채권과 양수한 지식재산을 기초로 유동화 증권을 발행하는 구조이다. 지식재산 자체를 유동화하는 경우 지식재산은 가치에 대한 견해 차이, 정보 비대칭 등으로 인하여 제3자 라이선스 혹은 매각이 활발하게 이루어지기 어렵기 때문에 지식재산 보유기업이 직접 라이선시가 되는 구조이다.[53]

구조화된 라이선싱을 통한 유동화의 신용평가는 기본적으로 지식재산 담보부 채권 유동화와 유사하게 평가된다. 즉, 라이선시의 신용등급을 기반으로 지식재산의 담보능력 수준을 추가로 고려하게 된다. 다만, 장래 로열티채권은 최초 지식재산 보유기업의 적법한 전용실시권이 정상적으로 행사된 경우에 채권의 성립요건을 충족하게 되므로 장래 채권 발행이 가능한 지식재산과 일정 부분 연계될 수밖에 없는 자산이다. 이처럼 구조화된 라이선싱을 통해 생성된 로열티 채권은 라이선시의 신용 채권적인 성격이 강하므로

---

53) 이지영 · 김준섭 · 박민식, 위의 자료, 5쪽.

장래 채권의 발생 및 양도 가능성도 고려하여야 한다.[54]

3. 관련 사례

(1) 이랜드 사례

2009년 12월 국내에서 처음으로 이랜드가 자사 상표권을 담보로 유동화 증권을 발행, 총 500억 원의 자금을 조달하였다. 즉, 이랜드 상표권 유동화는 신탁 및 유동화 전문회사를 통한 구조를 통해 지식재산을 활용한 자금조달을 하였다. 다만, 이 과정에서 전형적인 자산유동화증권(ABS)이 아닌 유동화 기업어음(ABCP) 또는 자산담보대출(ABL)을 활용하였다. 동 구조의 자산보유자(이랜드)는 자회

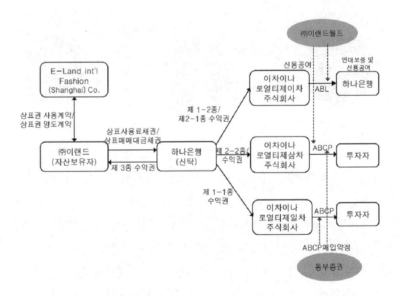

| 출처 | 김정동·김형준, "지적재산권 유동화,"「Issue Report)(한국기업평가, 2010-4014), 18쪽.

---

54) 이지영·김준섭·박민식, 위의 자료, 5쪽.

사인 E. Land International Fashion(Shanghai) Co. Ltd.(중국법인)에 대해 6개 상표권(브랜드)의 사용에 대한 로열티 채권과 상표권 매매 대금채권을 신탁은행인 하나은행에 신탁하고, 동 신탁은행은 이 채권에 대한 수익권을 유동화 전문회사에 양도하여 유동화하는 2단계의 구조를 취하였다. 그 과정에서 이랜드는 연대보증과 신용공여를 제공하였다. 그 구체적인 구조는 앞의 그림과 같다.[55]

(2) 와바 사례

2014년 12월 4일 산업은행은 호프집 와바(WABAR) 브랜드를 보유한 ㈜인토 외식산업에 상표권 유동화를 통해 자금을 지원했다고 밝혔는데, 이는 상표권을 유동화해 자금을 지원한 국내 첫 사례라고 한다. 즉, 산업은행은 와바 브랜드 등의 상표권에 대한 로열티 채권 및 신용카드 매출 채권을 기초자산으로 유동화하여 3년 만기로 55억 원의 자금을 ㈜인토 외식산업에 지원하면서, 특허청 산하

유동화 구조도

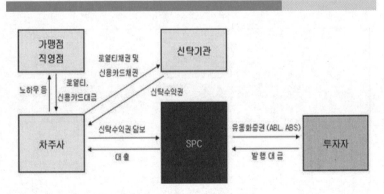

| 출처 | http://news.einfomax.co.kr/news/articleView.html?idxno=131176.

---

55) 이현진·이성민, 「콘텐츠 IP금융활성화를 위한 기초 연구」(한국문화관광연구원, 2016. 11), 106-107쪽.

의 지식재산(IP) 가치 평가기관인 한국발명진흥회가 평가한 상표권 가치를 유동화 대출 담보로 인정하였다. 상표권 유동화는 상표권을 보유한 회사가 가맹점에 노하우 등을 제공한 대가로 받는 로열티 현금흐름을 기초자산으로 별도의 유동화 전문회사(SPC)를 통해 ABS나 ABCP 등의 유동화증권을 발행해 자금을 조달하는 금융기법이라고 할 수 있다.56)

---

56) http://news.einfomax.co.kr/news/articleView.html?idxno=131176.

제**5**장

금융거래 및 자금조달을 위한 지식재산의 가치평가

제1절
서 설

　1차 산업혁명에서 2, 3, 4차 산업혁명을 거치면서 지식재산의 보호 필요성은 점차적으로 증가하게 되었음을 알 수 있다. 또한 사물인터넷(Internet of Things: IoT) 및 만물인터넷(Internet of Everything: IoE,),[1) 인공지능(Artificial Intelligence: AI), 빅데이터 등 지식재산의 활용도 더욱 증가할 것으로 전망된다. 더불어 이를 금융거래 및 자금조달을 위한 수단으로 이용하고자 하는 기업들도 증가하고 있다. 특히 벤처기업이나 중소기업은 항상 금융거래 및 자금조달의 어려움에 직면하여 있는데, 지식재산의 가치 증대와 더불어 그것의 중요성도 강조됨으로써 이를 담보로 금융거래 및 자금조달을 할 수 있는 방법을 모색하였다.

　다만, 이러한 금융거래 및 자금조달를 활성화하기 위해서는 지식재산의 담보에 대한 객관적이고 공정한 가치평가가 요청된다. 물론 가치평가가 금융거래 및 자금조달에서만 요구되는 것은 아니다. 이 외의 산업계 실무에서 기술의 구입, 판매, 라이선싱을 위한

---

1) 사물 인터넷(IoT: Internet of Things)이 진화하여 만물이 인터넷에 연결되는 미래의 인터넷. 서로 소통하며 새로운 가치와 경험을 창출해 내는 미래 인터넷으로 존재하는 모든 사람과 프로세스, 데이터까지 모바일, 클라우드 등이 서로 결합된 인터넷을 말한다. 유무선 광대역 초고속 통신망, 유비쿼터스 센서 네트워크, 스마트 그리드 등이 유기적으로 연결된 모든 네트워크를 의미한다(TTA정보통신용어사전, http://word.tta.or.kr/dictionary/earchList.d).

거래 가격 산정, 현물출자, 세무(기술의 기증, 처분, 상각을 위한 세무계획 수립 및 세금 납부), 전략[기업의 가치 증진, 기술 상품화, 분사(spin-off), 기타 장기 전략적 경영계획 수립], 청산(기업의 파산 또는 구조조정에 따른 자산평가, 채무 상환 계획 수립), 소송(특허권 침해, 채무불이행, 기타 재산 분쟁 관련의 법적 소송) 등 다양한 측면에서 지식재산 가치평가가 요청되고 있다.

목적	용도
이전 거래	기술의 매매, 라이선스 가격 결정
금융	기술의 담보권 설정 또는 투자 유치
현물출자	기술 또는 지식재산의 현물 출자
전략	기업의 가치 증진, 기술상품화, 분사, 중장기 경영계획의 수립
청산	기업의 파산 또는 구조조정에 따른 자산평가, 채무상환계획 수립
소송	지식재산 침해, 채무불이행, 기타 재산 분쟁 관련 소송
세무	기술의 기증, 처분, 상각을 위한 세무계획 수립 및 세금 납부
R&D지원	R&D 과제 지원을 위한 우선순위 산정 등
신기술 심사지원	신기술 지정·연장 심사 지원
기타	특례 상장 등

| 출처 | 국토교통부, 「2018 기술가치평가 매뉴얼」, 5쪽.

제2절
지식재산의 가치평가

1. 개 념

지식재산의 가치평가란 지식재산에 대한 경제성, 관리성, 대체성 및 기타 요인에 대한 기회요인과 위험요인을 종합적으로 분석하여 지식재산의 공정시장가치를 환산하여 평가하는 일련의 과정을 말한다.[2] 나아가 지식재산 담보의 가치평가란 은행 등 금융기관이 지식재산을 담보로 금융을 시행할 때 담보금액을 산정하기 위하여 지식재산의 경제적 가치를 평가하는 것을 의미한다.[3]

다만, 지식재산의 가치평가는 기술에 한정된 기술의 가치평가와는 차이가 있다. 산업통상자원부도 지식재산과 기술에 대한 평가 동향을 고려하여 「기술평가기준 운영지침(산업통상자원부 고시 제2014-97호, 2014년 6월 18일 시행)」을 전면 개정하여 제3절에 "지식재산권 평가의 특칙"을 신설하였다. 그에 의하면 "지식재산권이 기술 사업화 주체와 분리되어 거래될 수 있는 독립된 거래 객체로서의 재산권에 대한 가치를 평가하는 것을 말한다"고 규정하여 기술의 가치평가와 그 개념을 구별하였다.[4]

이러한 지식재산권에 대한 평가는 ① 금융기관에 대한 지식재산

---

2) 류태규 등, 앞의 보고서, 27쪽.
3) 특허청, 「지식재산권 담보를 위한 지식재산권가치평가 실무 가이드(특허·실용신안)」, 2013. 10, 1쪽.
4) 전범재, 「경제 활성화를 위한 지식재산권 감정 및 평가 체계 구축 방안에 관한 연구」(특허청, 2018. 1), 9쪽.

권 담보, ② 지식재산권 비즈니스를 위한 지식재산권의 매매 또는 라이선스, ③ 지식재산권 침해소송에 있어서의 손해배상액의 산정, ④ 기타 지식재산권을 독립된 재산권으로 활용하는 경우 등에 적용될 수 있다(기술평가기준 운영지침 제26조).

2. 지식재산권 가치평가의 특칙

지식재산권의 가치평가와 관련한 특칙은 「기술평가기준 운영지침」 제27조에서 규정하고 있다. 그에 의하면, ① 지식재산권 평가는 기술사업화 주체와 분리 가능한 재산권으로서 지식재산권이 보유한 독자적 활용가치를 평가하여야 하며, ② 지식재산권 평가에 있어서는 대상 지식재산권의 권리범위를 확정하여 권리범위 내의 기술을 대상기술로서 인식하여야 하고, ③ 지식재산권 평가에 있어서는 대상 지식재산권의 권리로서의 유효성과 완전성 여부에 대한 분석이 수행되어야 한다. 그리고 ④ 표준특허에 대한 지식재산권 평가에서는 기술의 공유화 추구, 라이선스의 용이성, 권리행사의 제한성, 폭넓은 활용성, 낮은 권리 회피가능성 등의 표준특허의 특성을 고려하여야 한다. 마지막 ⑤ 지식재산권 평가는 특허 포트폴리오에 대한 평가에도 적용될 수 있으며, 이 경우 다수의 특허권을 통한 대상기술의 다각적인 보호 여부에 대한 분석이 포함되어야 한다고 규정하고 있다(같은 운영지침 제27조).

3. 지식재산권의 가치평가자

기타 지식재산권의 가치평가에는 기술평가의 기본원칙, 평가방법, 투입정보 등을 준용하도록 하고 있다. 따라서 지식재산권의 평가자도 기술의 가치평가와 마찬가지이다. 즉. 지식재산권의 가치평가자는 「기술평가기준 운영지침」에 따라 기술평가기관과 기술평가를 수행하는 전문가를 말하며, 기술평가[5] 업무를 보조하는 자, 기술평가 업무 중 특정 영역의 자문만을 담당한 외부전문가는 제외된다(같은 운영지침 제2조 제3호). 지식재산권의 가치평가자는 지식재산권 평가의 공공성을 충분히 이해하고 전문가로서의 사회적 역할과 책임을 깊이 인식하여 스스로 행동을 엄격히 규율하여야 한다(같은 운영지침 제5조·제6조). 나아가, 지식재산권 가치평가자는 업무 수행 시 다음의 윤리원칙도 준수하여야 한다(같은 운영지침 제7조).

> ● **기술평가자의 업무수행 시 준수하여야 할 윤리원칙(같은 운영지침 제7조)**
>
> 1. 기술평가자는 객관성과 성실성을 유지하여야 하며, 고의로 사실을 왜곡하거나 정당한 사유가 없는 한 다른 사람으로 하여금 평가를 대리하게 하여서는 아니 된다.
> 2. 기술평가자는 해당 기술평가에 대한 전문성을 보유하여야 하며, 전문성이 결여된 경우에는 반드시 해당 기술평가의 수행을 완료하기 이전에 지식 또는 경험을 가지고 있는 다른 전문가와 함께 추가적인 연구 또는 자문을 통하여 필요한 기술평가자로서의 전문성을 보완하여야 한다.
> 3. 기술평가자는 소속기관이나 관련 기관의 간섭으로부터 독립되어 자신의 전문지식과 객관적 증거를 바탕으로 기술평가를 수행하여야 하며, 자신과 이해관계가 있는 기술평가에 대하여는 평가자로서 관여할 수 없고, 기술평가의뢰자의 정당하지 않은 청탁이나 평가보수에 영향을 받아서는 아니 된다.
> 4. 기술평가자는 제공된 관련 서비스와 관련하여 결론, 제언 또는 견해 등에 대한 합리적인 근거를 제공하기 위한 자료를 충분히 확보하여야 한다.

---

5) '기술가치평가'란 기술평가의 일 유형으로, 사업화하려는 기술이나 사업화된 기술이 그 사업을 통하여 창출하는 경제적 가치를 기술시장에서 일반적으로 인정된 가치평가 원칙과 방법론에 따라 평가하는 것을 말한다(기술평가기준 운영지침 제2조 제2호). 여기서 기술가치평가란 지식재산권에 대한 가치평가를 포함하는 개념이다.

5. 기술평가자는 기술평가 업무를 수행하는 데에 있어 전문가로서의 상당한 주의의무를 부담하며, 이를 위하여 충분한 증거를 확보하여야 한다.

6. 기술평가자는 관계 법령에서 정한 명시적인 사유 또는 기술평가 의뢰자의 명시적인 사전허락이 없이는 제3자에게 기술평가 관련 자료를 공개하여서는 아니 된다.

7. 기술평가자는 전문가로서 품위를 유지하여야 하며, 다음 각 목의 행위를 하여서는 아니 된다.

　가. 부당한 청탁, 선전, 광고나 타인에게 오해를 줄 수 있는 행위

　나. 정당한 업무활동 이외에 이해관계인과 부적절한 접촉 행위

　다. 고의로 지나치게 높거나 낮은 기술평가금액을 제시하는 행위

　라. 평가업무의 수임을 위하여 자신의 전문지식과 능력을 과장되게 광고하거나 기망하는 행위

　마. 기타 공정한 기술평가를 해할 염려가 있는 행위

(1) 지식재산권 가치평가기관

1) 지식재산권 가치평가기관의 지정

「기술의 이전 및 사업화 촉진에 관한 법률(이하 기술이전법)」제35조에 의하면, 산업통상자원부장관 등 관계중앙행정기관의 장이 기술평가기관을 지정할 수 있도록 하고 있으며, 2019년 10월 기준 총 26개 기관(공공기관 18, 민간기업 8)을 지정하였다. 2001년부터 2015년까지 지정된 기술평가기관은 모두 공공기관이었으나, 2016년부터 민간기관(기술·특허분석기관, 법무법인, 특허법인)의 지정이 늘어나고 공공중심으로 구축된 기술평가[6]시장도 점차 민간 중심으로

---

6) 기술평가의 대상기술에는 ① 법상의 기술, ② 지식재산기본법 등 관계 법령에 따라 보호되는 생물의 품종이나 유전자원, ③ 제1호 및 제2호를 제외한 지식재산기본법상의 신지식재산권을 말한다(기술평가기준 운영지침 제12조). 나아가, 지식재산권담보 가치평가의 대상으로는 평가대상 기업의 사업화에 중요하다고 판단되는 지식재산권으로서 현재 사업화에 적용하고

확대되고 있다.[7)]

　지식재산권의 가치평가기관의 예로는 국방기술품질원, 기술보증기금, 중소기업진흥공단, 전자부품연구원, 한국과학기술정보연구원, 한국발명진흥회, 한국보건산업진흥원, 한국화학시험연구원, 농업기술실용화재단 등이다. 관계 법령에 따른 국내 평가기관의 현황은 다음과 같다.

평가제도	근거법령	평가기관	평가내용	평가목적	소관부처
기술가치평가(기술이전·거래)	기술의 이전 및 사업화 촉진법(제35조)	관계중앙행정기관 지정 기술평가기간	기술이전거래용, 기술가치평가	기술이전 및 사업화 촉진	상업통상자원부
기술평가(기술성, 시장성, 사업성)	기술신용보증기금법(제28조)	기술보증기금	당해기술과 관련된 기술성, 시장성, 사업성 등 평가	정책수행 및 금융지원	금융위원회
기술평가(벤처기업 확인)	벤처기업 육성에 관한 특별조치법(제18조의3)	중소기업진흥공단, 기술신용보증기금	벤처기업 확인을 위한 기술성 및 사업성 평가	벤처기업의 육성·지원	중소기업청
기술평가(발명의 사업화)	발명진흥법(제28조)	특허청장 지정 기술평가기관	발명 사업화를 위한 기술성·사업성 평가	발명기술의 사업화촉진	특허청
기술영향 및 기술수준평가	과학기술기본법(제20조)	한국과학기술기획평가원	기술의 파급효과, 기술수준 평가	연구기획에 반영	교육과학부

| **출처** | 류태규 등, 앞의 보고서, 34쪽.

　있거나 적용 예정인 것을 말한다(특허청, 위의 실무 가이드, 1쪽).
7)　박재영, 「기술평가제도 현황 및 활성화를 위한 과제」(국회입법조사처, 2019. 12. 16), 28쪽.

2) 지식재산권 가치평가기관의 지정 절차

관계 중앙행정기관의 장은 기술이전·사업화의 촉진을 위하여 기술평가를 위한 전담인력 및 관리조직 등 대통령령으로 정하는 기준을 갖춘 기관을 지식재산권 가치평가기관으로 지정할 수 있다고 규정하고 있다(기술의 이전 및 사업화 촉진에 관한 법률 제35조). 대통령령으로 정하는 기준이란 아래에서 열거한 같은 법 시행령 제32조 제1항의 요건을 말한다.

● 기술이전법 제35조; 같은 법 시행령 제32조 제1항의 요건

1. 다음 각 목의 전문가 모두를 상시 고용할 것
   가. 기술거래사, 변호사, 변리사, 공인회계사, 감정평가사 또는 기술사 자격을 취득한 사람으로서 법 제35조 제2항 각호에 따른 사업(이하 이 조에서 "기술평가사업"이라 한다)에 종사할 수 있는 전문가 3명 이상
   나. 기술평가사업에 5년 이상 종사한 전문가 7명 이상
2. 기술평가사업을 수행하기 위한 관리조직을 가지고 있을 것
3. 산업통상자원부장관이 정하여 고시하는 기준에 따른 기술평가 모델을 보유할 것
4. 산업통상자원부장관이 정하여 고시하는 기준에 따른 기술평가에 관한 정보의 수집·관리·유통 등을 위한 정보망을 보유할 것

나아가, 구체적인 지식재산권 가치평기관의 지정 절차는 아래와 같다.

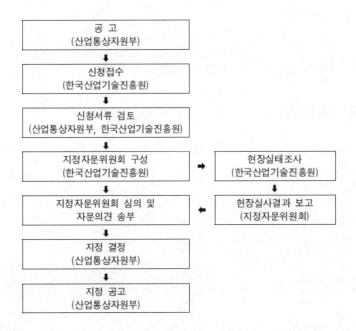

| 출처 | 박재영, 「기술평가제도 현황 및 활성화를 위한 과제」(국회입법조사처, 2019. 12. 16), 30쪽.

(2) 지식재산권의 가치평가 전문가

지식재산권 가치평가기관으로 지정되기 위해서는 위에서 언급한 바와 같이 10인 이상의 전문가를 상시 고용하여야 한다. 따라서 지식재산권 가치평가 전문가라 함은 ① 기술거래사, 변호사, 변리사, 공인회계사, 감정평가사 또는 기술사 자격을 취득한 사람으로서 법 제35조 제2항 각호에서 정한 기술평가사업에 종사할 수 있는 전문가 3명 이상, ② 기술평가사업에 5년 이상 종사한 전문가 7명 이상을 상시 고용하여야 한다(기술이전법 시행령 제32조 제1항 제1호). 마찬가지로 지식재산권 담보의 가치평가를 위해서는 기술전문가(기술성 분석), 지식재산권 전문가(권리성 분석), 시장전문가(시장성 분석) 및 지식재산권거래전문가(거래 시장성 분석) 등을 말한

다고 할 수 있다.[8)]

4. 지식재산권의 가치평가

(1) 평가체계

지식재산권의 가치평가는 3단계에 걸쳐 이루어진다. 즉, 예비평가, 사업타당성 평가(정성적 평가), 가치평가(정량적 평가)로 이루어진다.[9)] 이에 반하여 일본의 경우에는 예비적 평가가 없이 정성적 평가와 정량적 평가에 의하도록 하고 있다.[10)]

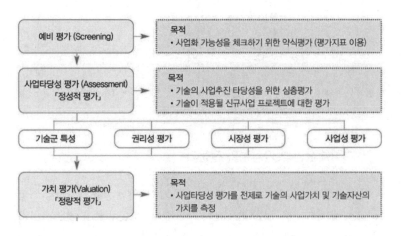

| 출처 | http://blog.daum.net/lastcop11/283.

---

8) 특허청, "지식재산권 담보를 위한 지식재산권 가치평가 실무 가이드," 2013. 10, 1쪽.

9) 특허청, 위의 2013 실무 가이드, 2쪽.

10) 石井康之, 「知的財産の価値評価について」, 特許庁, 2017, 22頁, https://www.jpo.go.jp/torikumi/kokusai/kokusai2/training/textbook/pdf/Valuation_of_Intellectual_Property_JP.pdf.

먼저 예비평가란 지식재산권의 사업화 가능성을 체크하기 위한
약식평가로서, 기술성, 권리성, 시장성에 대한 개략적인 검토를 수

지식재산권 담보 가치평가 업무 절차[11]

예비평가	⇨	• 기술성, 권리성 및 시장성에 관한 개략적인 사항 검토 • 무효가능성 등 확인을 통해 본 평가 진입여부 결정
평가팀 구성	⇨	• 기술전문가, 지식재산권 전문가, 시장전문가 등으로 구성
기업현장 및 기술실사	⇨	• 기술파악(기술현장 실사) • 시장 파악 • 동종 및 유사 업체의 사업현황 파악 • 재무 및 경영분석 자료 수집
조사 및 분석실시 (정성적 평가)	⇨	• 기술동향, 기술경쟁력, 기술수명 등 기술성 분석 • 권리 안정성, 권리보호 가능성 등 권리성 분석 • 시장현황, 시장규모, 매출 추정 등 시장성 분석 • 분쟁 및 라이선스 활성도 등 지식재산권 거래시장성 분석 • 같은 조 산업 및 유사 기업의 사업 분석
가치평가 실시 (정량적 평가)	⇨	• 로열티 공제법을 적용한 지식재산권 담보 가치 산정
최종보고서 완료	⇨	• 평가의뢰자와 최종 협의 및 이의 신청 반영
사후관리	⇨	• 유용한 정보제공, 연계사업 등 지속적인 관리

---

11) 특허청, 위의 2013 실무 가이드, 2쪽.

행하는 단계이다. 특히 선행기술의 조사를 통해 무효가능성 등을 확인하여 본평가(정성적 평가, 정량적 평가)의 진입여부를 결정한다. 다음으로 정성적 평가는 지식재산권의 사업추진 타당성을 위한 심층평가와 지식재산권이 적용될 신규사업 프로젝트에 대한 평가를 기술환경, 기술의 경쟁력 등을 분석하는 기술성 평가, 권리 인정성, 권리보호 가능성, 권리 행사 용이성 등을 분석하는 권리성 평가, 시장환경, 시장점유율, 성장가능성 등을 분석하는 시장성 평가 및 분쟁 및 라이선스 활성도 등을 분석하는 지식재산권 거래시장성 평가로 구성되어 있다. 마지막 가치 평가는 정성적 평가 결과를 기반으로 평가 대상 지식재산권의 현재 가치금액을 결정하는 평가 단계이다.[12)

(2) 정성적 평가 방법

1) 우리나라의 평가 방법

우리나라의 경우 정성적 평가에 대해서는 「기술평가기준 운영지침」에서 규정하고 있다. 즉, ① 기술성 분석(같은 운영지침 제20조), ② 권리성 분석(같은 운영지침 제21조), ③ 시장성 분석(같은 운영지침 제22조) 및 ④ 사업성 분석(같은 운영지침 제23조), ⑤ 기타 평가요인(같은 운영지침 제25조)으로 구성되어 있다. 특히 지식재산권의 가치평가는 권리성 분석(같은 운영지침 제28조), 거래 시장성 분석(같은 운영지침 제29조), 기술성 평가(같은 운영지침 제30조)를 별도로 규정하고 있다. 구체적으로 살펴보면 다음과 같다.

㈎ 기술성 분석

기술의 가치평가에서 기술성[13) 분석은 기술을 적용하는 제품에

---

12) 특허청, 앞의 2013 실무 가이드, 2쪽.
13) 기술성이란 기술제품 또는 서비스를 창출하는 데 있어서 축적된 노하우,

대한 기술개요(기술의 정의 및 개요), 기술개발 동향 및 경쟁기술 현황, 경쟁기술 대비 기술수준(차별성, 혁신성 등), 기술 활용성 및 파급효과 등에 대하여 분석·평가하는 것을 의미한다. 다시 말하면, 현재의 기술이 기술적으로 타당한지, 실현가능성이 있는지, 또한 실현하기 위해서는 어떤 대안이 있는지를 분석하는 것이다. 만약 새로운 아이디어가 존재하더라도 그 아이디어가 기술적으로 실현 불가능하다면 그 아이디어는 사업화가 어렵다고 하겠다. 반면 실현 가능하다고 하더라도 무조건 사업화를 할 수는 없으며, 만약 사업화를 하려면 최적의 방법을 찾아 최대의 이익을 창출하여야 할 것이다.[14]

이러한 기술성 분석의 방법으로는 기술환경 분석과 기술 경쟁성(유용성) 분석으로 나눌 수 있다. 전자는 대상기술[15]을 중심으로 경쟁기술, 대체기술, 후방기술(부품이나 소재 등) 및 전방기술(조립, 완성, SI 등) 등 주변기술 환경을 조사하는 것이며, 후자는 기술환경 분석 결과에 근거하여 파악된 각 기술의 특징을 토대로 대상기술의 장단점을 비교 분석하여 기술적 차별성, 혁신성, 파급성 등을 판단하는 것이다.[16]

혁신성, 차별성, 모방용이성 등에 대한 평가를 통해 궁극적으로 기술사용 주체의 수익창출 능력(현금창출 능력)에 미치는 영향을 파악하기 위한 평가이다. 기술성은 기술 자체가 지니고 있는 고유한 특성을 판단하기 위한 유용성과 타 기술과의 상대적 우위성을 판단하기 위한 경쟁성으로 구분하여 평가한다(기술평가기준 운영지침 제32조 제2호).

14) 산업통상자원부, 기술가치평가 실무가이드, 2017. 12, 20쪽.

15) 대상기술에 대해서는 기술 자체의 특성, 적용 분야 및 제품, 추가 필요기술 등에 대해 분석 검토하여 기술의 현재 위치를 파악하고, 경쟁기술과 대체기술에 대해서도 기술의 특징 및 차별성을 분석한다. 분석 결과는 기술의 독창성 및 우수성, 기술의 완성도, 추가개발의 필요성, 기술의 한계점 및 보완사항 등으로 구분하여 평가서에 정리한다.

16) 산업통상자원부, 기술가치평가 실무가이드, 2017. 12, 20쪽.

기술성 분석[17]

구분	평가내용	분석내용 및 방법	활용도
개요	- 개요 · 특징 - 구성 · 내용 - 적용 현황	- 개요 · 특징, 구성 · 내용, 용도 · 적용가능제품(서비스) 등 - 해당 제품의 대상기술의 위치 파악, 기술의 분류 및 위치, 제품화의 생산기술, 기존 개발기술과 추가 개발기술 조사	- 적용제품과 업종 파악 - 재무정보 인식에 활용 - 기술의 경제적 수명을 추정
환경 분석	- 국내외 동향 - 라이프 사이클(Life-Cycle) - 기술발전 방향	- 대상기술 동향 · 전망 조사 - 국내외 기술 개발 동향 · 추세, 국내외 업체 현황, 기술개발 환경변화요인(기회/위협요인 등), 기술발전 방향, 라이프 사이클 등 조사 - 대체기술 출현 가능성 및 경쟁기술 현황 조사	- 유용성 및 경쟁성 분석에 활용
유용성 및 경쟁성 분석	- 유용성 · 경쟁력 평가 - 차별성 · 혁신성 평가 - 비교우위성 - 활용성 · 확장성 - 산업적 파급효과	- 대상 기술의 유용성 · 경쟁성 분석 - 구현된 특징 · 장점이 우수할수록 기술적 비교우위성을 가지며, 제품경쟁력 차별화 가능성 큼 - 차별성 · 독창성 · 혁신성 등을 근거로 기술수준 판단 - 타 제품, 타 기술 분야로의 확장 가능성 - 기술의 속성 차이 고려 산업적 파급효과 파악	- 기술적 유용성과 경쟁성 분석(기술환경 분석 자료와 대상기술 분석 자료 근거)
종합 의견	- 분석 요약	- 분석 결과를 종합하여 평가자 의견 요약 제시	-

---

17) 산업통상자원부, 위의 2017년 실무가이드, 21-22쪽.

(나) 권리성 분석

권리성 분석은 대상기술의 서지정보, 명세서상의 기술정보, 권리 범위, 선행기술정보 등을 조사 기반으로 하여 권리 안정성, 권리 범위, 제품 적용여부 등을 분석·수행하는 것을 말한다. 즉, 대상기술의 사업화와 관련하여 시장의 독점적 지위 확보 여부 및 경쟁에서 사업의 보호 강도를 파악하고자 한다.[18]

이러한 권리성을 분석함에는 선행기술을 조사하여야 한다. 즉, 대상기술의 기본 서지정보(권리자, 법적 상태, 존속기간, 패밀리 출원, 권리자의 관련 기술의 포트폴리오 정보 등)를 파악하고, 기술의 청구범위 및 명세서에 기재된 문언을 바탕으로 기술 내용을 확정하여야 한다. 만약 이러한 선행기술에 대한 조사를 충실히 하지 않고 권리성에 대한 의견을 제시한다면, 이는 기술에 대한 평가의 신뢰성을 저해할 수 있기 때문이다.[19]

권리성 분석 결과 권리 안정성이 높고 권리 범위가 넓으며 포트폴리오가 다양하고 명세서 기재가 적절하며 제품 적용성이 명료한 경우, 수익접근법상 기술의 경제적 수명, 기술기여도, 할인율 등의 결정에 긍정적인 영향을 미친다. 로열티 공제법에서도 로열티를 조정하는 지표에 긍정적 영향을 미칠 수 있다. 또한 금융회사에 대한 지식재산권 담보, 지식재산권 비즈니스를 위한 지식재산권의 매매 또는 라이선스, 지식재산권 침해소송에서의 손해배상액 산정 등 독립된 재산권으로서 지식재산권의 가치를 평가하는 경우 권리성 분석은 가치를 산정하는 데 핵심적인 평가요인이 되며, 가치산출 과정에 직접적인 영향을 미칠 수 있다.[20]

---

18) 산업통상자원부, 위의 2017년 실무가이드, 22쪽.
19) 산업통상자원부, 위의 실무가이드, 22쪽.
20) 산업통상자원부, 위의 실무가이드, 23쪽.

권리성 분석[21]

구분	평가내용	분석내용 및 방법	활용도
안정성	- 발명 내용 확정 - 선행기술조사 - 신규성, 진보성 등의 무효가능성	- 특허 청구항과 명세서 근거 발명 내용 확정 - 대상특허의 무효가능성 의견제시(신규성, 진보성 위반) - 기타 사유로 인한 무효 가능성도 함께 판단	- 안정적 유지 가능성 판단
범위	- 선행기술 대비 차별성 - 권리범위의 광협 - 회피설계 가능성	- 선행기술 대비 차별성 파악 및 적절한 권리범위 설정에 대한 의견제시 - 청구항 기재 구성요소 개수와 불필요한 구성의 부가 여부 판단, 구성요소 표현 용어 적절성 및 불요한 표현 사용 여부 판단 - 경쟁자의 용이한 회피 설계 가능성 판단, 회피설계 차단 목적 적절한 포트폴리오 구축 여부 판단	- 경쟁자의 회피설계에 의한 시장진입을 차단 및 시장 독점적 지위 유지 여부 판단
제품 적용	- 청구항 구성요소 (제품대비) - 특허기술의 비중	- 대상특허가 제품에 실제 적용되었는지 판단 - 대상 특허기술의 비중 파악	- 대상 특허의 제품 적용 가능성 및 차지 비중 판단
종합 의견	- 분석 요약	- 분석내용 요약 제시	-

---

21) 산업통상자원부, 위의 실무가이드, 23쪽.

(다) 시장성 분석

기술의 가치평가를 위한 시장성[22] 분석에서는 먼저, 대상기술 적용제품(또는 공정), 적용시장에 대한 정의와 그 범위가 명확하게 설정되어야 하며, 적용제품의 특성(차별성 혹은 우위성)의 요약 등이 사전에 이루어져야 한다. 즉, 대상기술을 적용한 제품이 속한 시장의 환경 및 경쟁 분석 등에 따라 기술이 적용된 제품의 시장경쟁력의 평가를 위하여 적용 대상기술이 속하는 산업의 특성과 환경, 시장의 구조, 제품의 현황, 시장진입의 장벽, 관련 정책, 국내외의 시장동향 및 업체의 동향을 조사 분석하고, 또한 대상기술이 적용된 제품의 시장규모와 시장점유율 추정에 필요한 정보도 수집하여야 한다.[23]

시장환경분석은 시장규모를 예측하고 시장진입의 가능성 등을 분석하고 그 결과를 토대로 전문가 의견을 제시하는 것이다. 시장규모의 예측이란 시장조사나 계량분석 등을 종합하고 산업 전체 혹은 해당 제품의 목표시장 규모를 예측하는 것으로 신뢰성과 객관성이 확보되어야 한다. 시장진입의 가능성이란 대상기술의 적용제품의 진입을 어렵게 하는 장애 요인 등을 분석하는 것으로 규모의 경제, 제품의 차별화, 소요되는 자본, 제도적 요인 등을 분석하게 된다.[24] 이러한 시장진입의 가능성 분석은 객관성을 담보하여야 한다. 이를 위하여 경우에 따라서는 대상기술 적용제품의 시장조사 분석자료 혹은 외부 전문기관 발행 관련시장조사 분석보고서

---

22) 시장성이란 기술제품이 언제, 어느 정도 빠르게, 얼마나 판매될 수 있는가를 평가하는 것으로 제품이 속하는 업계특성, 시장특성, 경쟁요소 등에 따라 각각의 관점에서 대상기술 제품의 수익창출능력을 평가하는 것이다(기술평가기준 운영지침 제32조 제3호).

23) 산업통상자원부, 위의 실무가이드, 24쪽.

24) 시장진입 가능성은 대상기술 적용제품의 진입과 관련하여 장애요인과 장려요인 등에 대한 전문가 의견을 제시하는 것을 말한다(산업통상자원부, 위의 실무가이드, 25쪽).

를 참고하기도 한다.[25]

시장성 분석[26]

구분	평가내용	분석내용 및 방법	활용도
개요	- 기술적용제품 범위 - 시장 정의 및 특성	- 대상기술 적용제품의 정의 - 대상기술 적용시장 및 산업의 정의, 범위 및 특징 - 산업발전 추이 및 전망	- 적용제품과 업종 파악 - 재무정보 인식에 활용
환경 분석	- 시장규모 및 동향 - 중장기 성장률 - 시장수요 전망 - 시장진입 가능성	- 시장규모 추정(통계적 예측모형 사용 가능) - 시장의 중장기 성장률 추이 분석 - 시장수요의 기회요인 및 위협요인분석 - 시장진입 장애 및 촉진요인 분석에 따른 진입 가능성 평가	- 목표시장 성장률 추정 및 시장규모 예측정보 제공 - 시장진입 용이성 평가
경쟁 분석	- 적용시장의 경쟁구조 및 지배유형 - 경쟁업체 현황 및 시장 점유율 - 경쟁제품과의 비교분석 - 시장지위 확보 가능성	- 적용시장의 구조, 지배자의 유형, 독과점 여부, 경쟁제품의 과다 여부 등 분석 - 경쟁업체별 시장점유율 및 변화 추이 분석 - 경쟁제품과의 차별적 요소 분석 - 시장진입 후 시장점유율 확보 역량 수준 분석	- 시장동향 자료 및 분석보고서, 기업분석 자료와 전문가 의견을 종합하여 시장경쟁성 평가
종합 의견	- 분석 요약	- 분석결과를 종합하여 시장점유 수준에 대한 의견제시	

---

25) 산업통상자원부, 위의 실무가이드, 24-25쪽
26) 산업통상자원부, 위의 실무가이드, 26쪽

시장경쟁력 분석은 시장의 경쟁구조와 시장지위의 확보 가능성 등에 대하여 분석한 후 전문가의 의견을 제시하는 분석을 말한다. 먼저, 시장의 경쟁구조 분석은 경쟁업체와 경쟁제품, 경쟁업체의 지위(대기업 또는 중소기업), 경쟁업체의 지배력 등을 분석하여 기술 사업화의 가능성과 그에 대한 제약에 대한 의견을 제시하는 것이다. 다음으로 시장지위의 확보 가능성 분석이란 대상기술을 적용한 제품이 목표한 시장에서 일정 시장점유율을 확보할 수 있는지를 분석하는 것으로, 통상 시장에서 경쟁기업과 경쟁제품을 비교 분석한 후 대상기술 적용제품이 상대적으로 경쟁력이 높다면 관련시장에서 우월한 지위를 확보할 가능성이 있다고 판단하게 된다.[27]

㈜ 사업성 분석

마지막으로 사업성[28] 분석이란 대상기술을 이용하여 사업화를 추진하는 주체(사업 주체)가 사업화 기반 역량, 생산 및 영업능력 등 경영 요인을 고려하여 대상기술 제품의 가격 및 품질경쟁력, 매출 전망 등 사업 전반에 대한 분석을 하는 것을 말한다.[29] 즉, 위의 기술성 분석, 권리성 분석 및 시장성 분석에 기반하여 사업화에 따른 수익을 창출할 수 있는가를 판단하게 된다.

이러한 사업성 분석에서는 사업화 기반역량, 제품의 가격 및 품질 경쟁력, 사업화에 따른 투자규모 등을 분석하여 매출 규모를 추정하게 된다. 먼저, 사업화 기반 역량 분석은 대상기술을 사업화하고자 하는 주체의 기술개발 역량, 생산 역량, 마케팅 역량, 전문인력 역량 등 인적 및 물적 사업화 기반 역량을 체계적으로 파악하는

---

27) 산업통상자원부, 위의 실무가이드, 25쪽.
28) 사업성: 기술제품이 어느 정도의 수익을 발생시킬 수 있는가를 평가하는 것으로 수익창출을 위하여 필연적으로 발생하는 구매, 생산, 판매 등의 활동에 대해 평가하는 것이다(기술평가기준 운영지침 제32조 제4호).
29) 산업통상자원부, 위의 실무가이드, 26쪽.

분석이다. 다음으로 제품 경쟁력 분석은 대상기술 제품의 기능과 특성 및 그 제품의 가격 경쟁력, 품질 경쟁력, 기타 경쟁력 등이 관련시장 내에서 비교 우위에 있는가를 파악하는 분석이다. 마지막 매출액의 추정은 대상기술 제품이 관련 시장에서 확보할 수 있는 현재의 시장점유율의 파악과 더불어 미래의 점유율을 예측하는 분석이다.[30]

사업성 분석[31]

구분	평가내용	분석내용 및 방법	활용도
사업화 기반역량	- 인적·물적 사업화 기반 역량 종합	- 사업주체 정의·전략 현황 사업주체 기술개발·생산 역량 - 대상기술 유통·마케팅 역량 대상기술 사업분야 재무구조	- 재무구조, 상용화단계, 사업화 위험도 등 고려 할인율 추정 기초데이터 제시
제품 경쟁력	- 대상기술 제품경쟁력 등 속성 파악	- 대상기술 제품의 기능·특성 - 대상기술 제품의 경쟁력 및 제약 요인	- 시장에서 경쟁력 우위 제품의 가치가 상승하여 매출 추정에 영향을 미침
매출액 추정	- 대상기술 제품의 시장점유율 - 미래 시장에서 매출확보 가능성	- 대상 제품의 예상 시장점유율 기반 매출가능성	- 매출액 추정
종합의견	- 분석 요약	- 분석결과를 종합하여 매출액 추정의 합리성에 대한 종합의견 제시	

---

30) 사업성 분석에서는 광의적으로 평가요인의 정성분석과 현금흐름 산출의 정량분석이 모두 포함된다(산업통상자원부, 위의 실무가이드, 27쪽).
31) 산업통상자원부, 위의 실무가이드, 28쪽.

㈐ 지식재산권의 가치평가 요인의 특성

지식재산권 평가요인 분석은 기술가치평가와 유사한 방법으로 이루어지지만, 지식재산권 가치평가에 대해서 같은 운영지침에는 권리성(같은 운영지침 제28조), 거래 시장성 분석(같은 운영지침 제29조)의 별도 규정을 두고 있다.

a) 기술성 분석   기술성 분석 대상에서 기술이란 최종 제품을 개발 또는 생산하는 데 필요한 지식재산권이 포함된 기술을 의미한다. 그런데 지식재산권은 그 자체로 제품화 또는 사업화가 이루어지기도 하지만, 경우에 따라서는 제조 경험, 노하우 등 무형자산까지 포함하여 제품화나 사업화가 이루어지기도 한다. 따라서 비록 기술평가기준 운영지침에 지식재산권의 기술성 분석을 별도로 언급하고 있지는 않지만, 지식재산권에 대한 기술성 분석도 이루어져야 한다고 본다.[32] 예를 들어, 특허청의 지식재산권 사업화 연계 평가요인으로 기술성을 포함하고 있으며, 그러한 요인으로 기술의 혁신성 및 차별성, 기술 및 시장 동향과의 부합성, 권리의 강도 및 충실성을 고려하여 평가하도록 한 것을 들고 있다.[33] 또한 특허청 보진흥센터에 의하면 무형의 기술에 대한 평가요소로 기술동향, 기술수준분석, 기술개발 목표 및 전략분석, 기술성과와 파급효과 등을 고려하여 수치 또는 등급으로 평가한다고 언급하고 있다.[34]

b) 권리성 분석   권리성 분석과 관련해서는 같은 운영지침에 별도의 규정을 두고 있다. 즉, "지식재산권 평가에서는 대상 지식재산권의 유효성과 완전성 여부를 평가하기 위하여 다음 각 호의 분석이 포함될 수 있다"고 언급하고 있다. 다음 각 호란 ① 지식재산권의 무효가능성을 포함하는 권리의 안정성, ② 대상기술의 지식

---

32) 산업통상자원부, 위의 실무 가이드, 23쪽.

33) https://kipo.go.kr/kpo/HtmlApp?c=52203&catmenu=m05_02_02_03.

34) https://kpeg.pipc.or.kr/techinfo.action.

재산권 권리범위 포함 가능성, 대상기술 중 지식재산권으로서의 보호 비중, 제3자의 권리 회피가능성 등을 포함하는 권리보호 가능성, ③ 지식재산권 침해 발견 및 입증의 용이성, 권리행사의 제한 가능성 등을 포함하는 권리행사의 용이성, ④ 대상기술의 보호를 위한 국내외 특허 포트폴리오의 적절성, ⑤ 기타 대상기술의 보호 및 지식재산권의 유효성에 중요한 영향을 미치는 사항을 말한다(같은 운영지침 제28조). 따라서 지식재산권의 권리성 분석을 함에 있어서 전문가는 위의 요소 등을 고려하여 의견을 제시하게 된다. 통상 선행 지식재산권을 분석한 결과 권리범위가 넓을수록, 법적 제약이 없을수록, 침해 증명이 용이할수록 높은 상품적 가치를 가지며, 지식재산권의 경제적 수명 및 지식재산권의 기여도(개별 지식재산권의 강도)에 긍정적인 영향을 미치게 된다고 볼 수 있다.[35]

c) 시장성 분석   지식재산권의 거래 시장성의 분석이란 지식재산권 자체의 거래시장의 활성화 정도를 평가하여 시장진입 가능성 및 예상 시장점유율을 추정하기 위함이다. 이러한 분석을 하기 위해서 ① 대상기술 분야의 국내외 특허분쟁 발생 여부 및 가능성, ② 대상기술 분야의 라이선스의 정도, ③ 특허 출원 또는 등록 증가율 등 특허 활동의 정도, ④ 기타 지식재산권 거래시장과 관련이 있는 사항을 고려할 수 있다(같은 운영지침 제29조)고 언급하고 있다.

다만, 이러한 시장성 분석에서는 대상 지식재산권이 적용되어 사업화되는 제품이 무엇인지, 목표시장의 정의와 범위, 사업화되는 제품이 완제품인지 아니면 부품 또는 소재인지의 여부를 먼저 분석하여야 한다. 만약 부품 또는 소재에 대한 목표 시장이 명확히 설정되어 있지 않거나 시장자료가 신뢰성이 없다면, 그 경우에는 차상위의 완제품을 중심으로 시장 분석을 하게 된다. 다만, 사업가치를 산정할 때에는 최종 제품에서 부품 또는 소재가 차지하는 비중

---

35) 산업통상자원부, 위의 실무 가이드, 23쪽.

을 고려하여 개별 지식재산권의 가치를 산정하도록 하고 있다. 또한 지식재산권을 적용하는 제품에 대한 시장뿐만 아니라 지식재산권 자체의 시장도 분석하여야 한다. 나아가 대상 지식재산권에 대한 거래시장의 경쟁구조, 출원 증가율 등 성장성, 대상 지식재산권에 대한 잠재 수요기업 유형 및 대상 지식재산권이 잠재 수요기업에게 얼마나 유용하며 경쟁력이 있는지에 대한 분석을 강화해 독자적인 자산으로서 지식재산권의 거래 가능성에 대한 분석도 검토할 필요가 있다.[36]

2) 일본의 평가 방법

일본의 경우는 지식재산권의 가치평가에 대하여 우리나라와 절차상 약간의 차이가 있다. 즉, 일본은 우리나라와 달리 ① 권리성 평가 분석과 ② 시장성 평가(이전유통성 평가) 분석만으로 평가하고 있다.[37] 간단하게 소개하면 다음과 같다.

(가) 권리성 평가

우리나라는 지식재산권의 권리성 평가 지표로서 해당 지식재산권이 담보로서 제한조건, 하자의 유무 등을 기준으로 평가대상 특허의 권리 안정성, 권리보호 가능성, 권리행사 가능성 등을 제시하고 있다.[38] 반면 일본은 특허권 등의 지식재산권 평가지표로서 ㉠ 권리로서 확립도, ㉡ 권리의 존속기간, ㉢ 권리의 독창성의 3가지의 항목을 제시하고 있다.[39] 일본의 평가 방법을 구체적으로 보면 다음과 같다.

---

36) 산업통상자원부, 위의 실무 가이드, 23-24쪽.
37) 前田公彦, "知的財産の担保融資と流動化・証券化についての一考察—ソフトウエアの視点を中心として," 5頁, 〈http://www.zeimu-doctormaeda.com/image/intangibleasset2.pdf〉, 최종방문일자 :2018. 9. 2.
38) 특허청 위의 실무 가이드, 3-4쪽.
39) 前田公彦, 앞의 글, 5頁.

1	권리로서 확립도	A	권리로서 확정된 경우	B	제3자와의 사이에 잠재적 리스크	C	제3자와의 사이에 현재(顯在)적 리스크
2	권리의 존속기간	A	10년 이상	B	5년 이상	C	3년 이상
3	권리의 독창성	A	아주 높음	B	높음	C	보통

⑷ 시장성 평가

우리나라의 시장성 평가는 시장진입 가능성 및 예상 시장점유율을 추정하기 위함으로 다양한 기준을 제시하고 있으나, 구체적인 내용 면에서는 일본의 평가요소와 크게 차이가 없는 것으로 보인다. 일본은 시장성 평가에 대하여 이전유통성의 평가라고 하며, 그 구체적인 평가요소는 ㉠ 관련 사업으로서 권리와의 관계, ㉡ 관련 사업의 시장성, ㉢ 경합 사업자의 유무, ㉣ 이전 후보처의 선정의 4가지 항목을 제시하고 있다.[40] 그 구체적인 평가방법은 다음과 같다.

1	관련사업과 권리의 관계	A	당해 권리만으로 자기완결	B	제3자권리를 일부 이용	C	제3자 권리가 불가피하여 의존도 큼
2	관련사업의 시장성	A	크게 기대	B	기대 가능	C	판단 어려움
3	경합사업자 유무	A	없음(장래 포함)	B	현재 없지만, 장래 가능	C	있음
4	이전후보처 선정	A	용이(10사 이상)	B	많이는 없지만, 후보처 있음	C	가능성 낮음

(3) 정량적 평가 방법

「기술평가기준 운영지침」 제36조에 의하면, 기술가치평가법과

---

40) 前田公彦, 앞의 글, 5頁.

관련하여 ① 시장접근법, ② 수익접근법, ③ 원가접근법의 기본적
인 평가접근법의 하나에 속하여야 한다.[41] 다만, 위의 평가접근법
을 근간으로 단독 또는 로열티공제법 등 다양한 방법의 혼합된 형
태를 적용할 수 있다(같은 운영지침 제36조)고 규정하고 있다. 나아가
기술평가자는 특별한 이유가 없는 한 대상기술의 특성을 분석하여
위의 세 가지 평가접근법 중에서 적절한 평가방법을 선택할 수 있
다(같은 조 제3항). 기술가치평가 결과로 산출되는 가치는 공정시장
가치[42]를 원칙으로 하며, 용도는 제16조(목적과 용도의 명시)에 의하
여 명시함을 원칙으로 한다(같은 운영지침 제35조). 그 구체적인 평가
접근법을 보면 다음과 같다.

1) 시장접근법
㈎ 개 념

시장접근법이란 대상기술과 동일 또는 유사한 기술이 활성화된
시장에서 거래된 가치의 비교 분석을 통하여 상대적인 가치를 산
정하는 방법을 말한다(같은 운영지침 제37조 제1항). 실제로 시장거래
사례와 비교하여 대상기술의 가치를 추정하는 방법으로 시장거래
사례 비교법, (이익배분)상관행법 등[43]이 있다(같은 조 제2항). 시장
이란 독립적인 당사자들 사이에서 발생한 공정한 거래를 반영하는
것으로, 이러한 시장에서는 기술의 가치를 잘 반영하고 있으므로
기술평가 시 시장접근법을 우선 적용하도록 하였다.[44]

---

41) 일본의 경우 원가법, 거래사례비교법, 수익환원법이라고 한다. 나아가 직
   접적 평가방법인 전문가의 경험에 의하여 평가하는 경험칙법(經驗則法)도
   있다(http://www.harakenzo.com/jpn/seminar/data/20100115.pdf).
42) 공정시장가치를 산출하기 위해서 적용된 가정의 합리성, 정보의 적시성과
   추정의 신뢰성이 확보되어야 한다(같은 운영지침 제35조 제2항).
43) 이 외에도 평가방법으로 로열티공제법, 경매(auctions)가 있다(https://
   it-license.tistory.com/113).
44) 산업통상자원부, 앞의 실무가이드, 36쪽.

● **시장접근법의 전제조건[45]**

① 비교 가능한 기술의 활발한 거래시장이 존재해야 한다.

② 비교 가능한 기술의 과거 거래실적이 존재해야 한다.

③ 거래정보가 접근 가능해야 한다.

④ 거래 당사자가 자유의사에 의해 거래하는 시장의 특성을 가져야 한다.

⑤ 기술을 비교할 수 있으려면 우선 업종이 동일하거나 유사하여야 한다.

⑥ 수익성, 시장점유율, 신기술의 영향, 시장 신규 참여에 대한 장벽, 법 보호범위, 경제적 수명기간 등에서도 조건이 유사하여야 한다.

이러한 시장접근법을 사용하기 위해서는 시장에서 거래된 동일 또는 유사기술의 거래사례 중 거래조건, 기술의 속성, 기술의 제품화 단계, 기술 수준·완성도, 특허 등 지식재산권 현황, 기술 활용도, 시장영역, 지리적 영향 범위 등을 대상기술과 비교하여 적용이 가능한지 여부를 판단하여야 한다(같은 조 제3항).[46] 또한 시장접근법을 사용함에 있어 비교 가능한 거래 사례로부터 얻을 수 있는 정보를 선택하는 경우에는 거래 사례에서의 거래조건과 평가목적 등이 다를 수 있으므로 비교 대상과 유의한 차이가 있을 때는 적절히 차이를 조정하여 평가하여야 하며, 유사성의 판단 기준과 차이를 조정한 경우에는 그 근거를 명시하여야 한다(같은 조 제4항). 만약 시장에서 동일기술에 대한 거래사례가 없거나 유사기술에 대한 거래사례가 부족한 경우에는 시장접근법은 적용하지 아니한다(같은

---

45) 산업통상자원부, 위의 실무가이드, 36-37쪽.

46) 이 접근법은 특허가치의 평가에는 적합하지 않다. 특허의 가치는 신규성의 정도에 따라 달라지며, 신규성은 비교가능한 정보를 얻을 가능성이 낮다는 것을 의미하기 때문이다(지식재산연구원, 앞의 IP 금융툴킷, 18쪽).

조 제5항). 나아가 시장접근법을 사용함에 있어 거래사례를 확인할 수 있고 가격에 대한 정보를 이용할 수 있더라도, 가격에 대한 적절한 조정이 어렵거나 대상기술의 차별화된 특성을 반영하는 데 필요한 조정률을 결정하는 것이 어려운 경우에는 다른 평가방법을 적용하여 얻어진 평가결과를 비교 검토하기 위한 참조 방법으로 사용될 수 있다(같은 조 제6항).

● 시장접근법 적용 시 유의사항

① 기술시장이 일반적인 상품시장과 달리 기술제공자의 의지에 따라 움직이는 판매자 위주의 시장(seller's market)이라는 점에서 시장접근법은 실질적으로 평가 자료를 경쟁 관점에서 비교하기가 어렵다

② 기술거래 및 거래조건이 공개되지 않는 것이 일반적이어서 시장접근법을 적용할 때에는 비교가능성의 문제가 상존한다.

③ 지식재산권은 유통시장이 아직 정리되지 않은 상태로 비교 가능한 유사 사례를 찾기가 쉽지 않다.[47]

(나) 평가절차 및 방법

a) 평가절차   이러한 시장접근법은 대상기술과 동일 또는 유사한 기술이 활성화된 시장에서 거래된 정보 및 통계에 근거한 비교·분석을 통하여 상대적인 가치를 산정하는 방법[48]으로 대상기술과 유의한 차이가 있을 때에는 차이를 적절히 조절하여야 한다(동 지침 제37조 제4항).

---

47) Gordon V. Smith and L. Parr, 앞의 자료, 162頁; 田公彦, 앞의 자료, 5頁; 산업통상자원부, 앞의 자료, 27쪽.

48) Robert F. Reilly, "The valuation of proprietary technology," Strategic finance, Jan. 1998.

시장접근법에 의한 기술가치 평가절차[49)]

동일 또는 유사기술 등 비교 가능한 기술거래사례 조사(기술 유형, 기술 활용, 산업적 용 분야, 기술거래 시점 등 조사	공정한 거래에 의한 실제 기술거래 여부 확인 및 신뢰성 검증	비교대상 분석항목, 비교분석방법 적용(비교, 분석항목 등을 활용한 평점평가법 등 적용)	비교대상기술의 매매 또는 라이선스 거래와 대상기술의 거래조건 비교	라이선스 가격 조정, 미래의 매매 또는 라이선스 거래가격 추정(단일 추정치 또는 범위 추정치 제시)

b) 평가 방법　평가방법은 다양하지만, 여기에서는 이익배분모델, 거래사례 비교모델의 방법만을 살펴본다(로열티 공제법은 아래에서 별도 정리).

먼저, 이익배분모델은 특허기술이 기여하는 이익을 거래 당사자 간에 배분하기 위해 경험 법칙(Rule of Thumb)을 적용하여 기술가치를 산출하는 방식(Value by a Profit Split)으로서 기본적인 계산방식은 다음과 같다.

$$V = \sum_{t=1}^{n} \frac{P_t \times 0.25 - C_t}{(1+r)^t}$$

다음으로 거래사례비교법은 대상물건과 동일성 또는 유사성이 있는 다른 물건의 거래사례와 비교하여 대상물건의 현황에 맞게 사정보정 및 시점수정을 가하여 감정가격을 추정하는 방법으로 대체의 원칙이 이론적 근거가 되며, 활용도가 가장 높은 평가법이다. 구체적 사례 수집방법으로는 징구법, 실사법, 열람법, 탐문법이 있다. 구체적 계산방식은 다음과 같다.[50)]

---

49) 산업통상자원부, 앞의 실무가이드, 36쪽.
50) http://pds18.cafe.daum.net/out_download.php?disk=25&id=435750
　　711f743&dncnt=Y.

비준가격 = 사례가격 × (지역요인비교치 × 개별요인비교치 × 사정보정치 × 시점수정치 × 면적)

2) 수익접근법

(가) 개 념

수익접근법은 기술요소법 기반의 가치산정 방법으로 대상기술의 경제적 수명기간 동안 기술사업화로 인하여 발생될 미래 경제적 이익을 적정 할인율을 적용하여 현재가치로 환산하는 방법(같은 운영지침 제38조 제1항)으로,[51] 논리적으로 매우 엄격하고 구조적으로 체계화된 가치분석 방법론이다.[52] 즉, 동 접근법은 지식재산권이 미래에 창출할 수 있는 수익에 중점을 두고 있다.[53] 수익접근법의 가치산정에는 기술의 경제적 수명, 현금흐름, 할인율, 기술기여도(지식재산권기여도) 등의 추정이 필요하다(같은 조 제2항). 수정접근법의 근거가 되는 추정 재무정보로는 예상 매출액, 예상 영업이익 또는 순이익, 예상 세전이익과 세후이익, 현금흐름을 들 수 있다(같은 조 제3항).[54] 수익접근법을 이용한 가치산정은 대상기술의 사업화로 인해 발생하는 매출액의 추정으로부터 시작되며, 이는 평가참여자의 합의를 바탕으로 하여야 한다(같은 조 제4항). 수익접근법에서 대상기술의 식별 및 분리가 가능한 합리적인 방법이 전제될 경우 증분수익법[55]의 활용이 가능하다(같은 조 제5항).

---

51) 일본의 경우 이를 수익환원법이라고 한다(特許庁, 「簏笛財産の価値評価について」, 2017, 22頁).

52) http://www.dvnnews.com/news/articleView.html?idxno=10163.

53) 한국지식재산연구원, 「IP 금융 툴킷」, 2015. 7, 18쪽.

54) 산업통상자원부, 앞의 실무가이드, 41쪽.

55) 기술을 적용하여 발생하는 추가 매출과 절약원가(비용 포함)를 결합하여 소득을 추정 즉 추가매출 +절약비용(비용상승 시 마이너스) = 연소득[http://m.blog.daum.net/ilovedominic/8893750?tp_nil_a=1].

> ● **수익접근법 적용 시 유의사항[56)]**
>
> ① 지식재산권의 경제적 주기 추산이 어렵다.
> ② 여러 해에 걸친 수익에 대한 추산이 어렵다.
> ③ 지식재산권의 강도, 잠재적 시장의 크기, 경쟁의 특성, 경제상황
> 의 변화와 지식재산권의 등록, 행사 및 방어비용과 같은 요소들을 고
> 려할 필요가 있다.
> * 지식재산권의 활용 방법, 관련 비용, 시장진입에 소요된 시간 및 관련
>   위험요소들은 기업별로 상이

(나) **평가절차 및 방법**

a) 평가절차   수익접근법은 대상기술의 미래 경제적 이익 창
출 능력에 초점을 두고 미래의 경제적 이익을 현재가치로 환산하

수익접근법 기반 IP가치평가의 절차

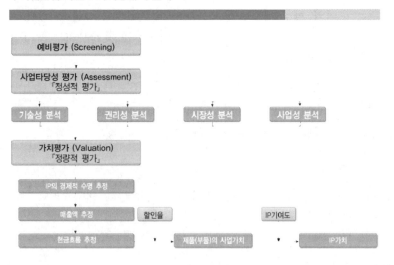

---

56) 한국지식재산권연구원, 앞의 IP 금융 툴킷, 18쪽.

는 방법으로 이익 창출기간, 매출액 등 현금흐름, 할인율, 기술기여도 등의 추정이 필요하다.

b) 평가방법   수익접근법에서는 가치에 영향을 미치는 주요 경제적 평가요소들의 추정 근거가 분명하고 타당하여야 한다. 주요 평가요소들은 기술의 경제적 수명(현금흐름 추정기간), 현금흐름(매출액, 원가, 예상 자본적 지출, 감가상각비, 순운전자본 등), 할인율, 기술기여도 등이다. 다른 평가방법에서도 이와 유사한 평가요소의 추정이 필요하지만, 수익접근법은 주요 평가요소들에 관한 구체적이고 개별적인 접근이 필요하다. 평가방법으로는 현금흐름할인법, 기술요소법, 경험칙, 로열티 공제법, 다기간 초과 이익법(Multi-Period Excess Earning), 잔존 수익법(Residual Income Method), 몬테카를로 시뮬레이션, 실물옵션법 등이 있다.[57] 이 중에서 주로 이용하는 방법은 현금흐름할인법(Discounted Cash Flow Analysis: DCF)이며, 그 구체적인 가치평가방법은 다음과 같다.

$$V_T = \sum_{t=1}^{n} \frac{CF_t}{(1+r)^t} \times 기술기여도$$

- t: 현금흐름 추정이 이루어지는 시간
- n: 기술의 경제적 수명을 고려한 현금흐름 추정시간
- CF_t: t기간의 현금흐름
- r: 할인율(discount rate)
- 기술기여도: 사업가치 중 기술이 기여하는 비율

---

57) http://www.dvnnews.com/news/articleView.html?idxno=10017.

3) 원가접근법

㈎ 개   념

원가접근법은 대상기술을 개발하는 데 투입된 비용을 기초로 기술의 가치를 산정하거나 대체의 경제원리에 기초를 두고 동일한 경제적 효익을 가지고 있는 기술을 개발하거나 구입하는 원가를 추정하여 가치를 산정하는 방법을 말한다(같은 운영지침 제39조 제1항). 이러한 원가접근법은 역사적 원가법(Historical Cost Approach), 재생산원가법(Reproduction Cost Approach) 및 대체원가법(Replacement Cost Approach) 등으로 구분할 수 있다(같은 조 제2항).[58]

● 원가접근법의 적용 시 유의사항

과거에 지출된 원가에 근거를 두고 있어 미래수익의 잠재력을 반영하지 못하는 한계가 있어 많은 대체기술이 있거나 미성숙한 기술가치에 주로 이용된다.

먼저, 역사적 원가법은 대상기술을 개발하는 데 투입되었던 과거의 제반 비용을 합산하여 가치평가를 하는 방법으로 대상기술을 개발하는 데 투자되었던 비용을 산출할 수 있는 경우에 적용할 수 있다(같은 조 제3항). 다음으로 재생산원가법은 대상기술과 동일한 과학적 연구, 디자인 및 개발방법을 사용하여 동일한 기술을 개발하여 완성하는 데 소요되는 총원가를 의미하며, 대상기술의 정확한 복제물의 건설이나 구입에 소요되는 원가이다(같은 조 제4항). 마지막 대체원가법은 평가시점에서 대상기술과 동일한 효용(유용성)을 가지는 대체기술을 개발하여 완성하는 데 소요되는 총원가를 의미

---

58) http://www.dvnnews.com/news/articleView.html?idxno=10113; 일본의 경우는 이를 원가법이라고 한다(特許廳, 「簏笛財産の価値評価について」, 2017, 22頁).

하며, 현재의 기술로 대상기술의 효용을 재생하는 원가이다(같은 조 제5항).

이러한 원가접근법을 사용하기 위해서는 역사적 원가, 재생산원가, 대체원가 등 상세한 원가 정보가 필요하며(같은 조 제7항), 원가접근법을 사용하는 경우에는 완성시점과 평가시점 사이에서 발생된 물리적 마모, 기능적 진부화, 기술적 진부화, 경제적 진부화와 같이 물리적인 용도나 유효성이 약화되어 가는 것 등의 진부화 수준을 고려하여야 한다(같은 조 제6항).

(나) 평가방법

구분	기존방법	추천방법
역사적 원가법	과거 투입비용 항목	• 항목구분 내역은 그대로 인정
	과거 투입비용금액	• 대상기술을 재생산하기 위해 평가 시점에 제반 비용항목을 재투입한다고 가정할 경우 예상되는 소요금액. 단, 특정 비용항목이 과거에는 투입되었으나 평가 시점의 연구개발 단계에서는 투입되지 않는 것으로 변경되었을 경우는 평가 시점에 대체 투입되는 항목을 기준으로 비용금액 산정
재생산 원가법	평가 시점에 재생산할 경우 투입예상비용	• 상기와 동일한 기준 적용
대체 원가법	물리적 감소	• 유형자산의 경우만 인정. 무형의 기술은 불인정
	기능적 진부화	• 대체기술의 등장에 따른 수요 감소로 환산
	경제적 진부화	• 경제적 진부화가 기능적 진부화의 연장선상에서 이루어 진다는 가정하에 상기와 동일한 기준 적용

표준적인 원가접근법은 위의 역사적 원가법, 재생산원가법, 대체원가법의 취지를 결합하여 단일화한 것이다. 따라서 ① 재생산을 한다는 가정하에 과거의 생산요소 투입항목은 그대로 유지하되, ② 생산요소의 단위비용은 평가시점 기준으로 재조정하고, ③ 최종적으로 합산한 비용가치에 시장수요의 변동에 따른 가치변동분을 가산 또는 차감하는 세 가지의 절차로 수행된다. 즉, 과거에 대상기술 개발에 투입된 비용을 평가시점에 재투입한다고 가정할 때 소요될 것으로 예상되는 전체 비용금액에서 대상기술의 수요 감소에 따른 가치 감소분을 차감한다.[59)]

통상 지식재산권을 개발하거나 창출하면서 발생한 비용 또는 유사한 제품 또는 서비스를 재창출하거나 개발하기 위해서 소요되는 비용을 근거로 가치를 평가한다. 다만, 이 방법은 제품이 현재 가지는 경제적 가치는 고려하지 않는다. 일반적으로 고려하는 비용으로는 ① 인건비, ② 재료 및 설비, ③ 연구개발, ④ 견본(prototype) 개발, ⑤ 실험, ⑥ 규제 승인 및 인증, ⑦ 지식재산권의 등록, ⑧ 공공요금, 숙박시설 및 지원인력에 대한 간접비 등이다.[60)] 구체적인 평가방법은 다음과 같다.[61)]

IP가치 = (매출액 × 로열티율)의 현재가치

로열티율 = 기준율 × 이용률 × 증감률 × 개척률

- 기준율: 업종별 로열티 통계의 중앙값(또는 평균)
- 이용률: 해당 IP(특허)가 제품에서 차지하는 비율(0~100%)
- 증감률: 라이선스의 상황 등 특수요인을 고려한 것(기본은 100%)
- 개척률: 제품화에 거액의 비용이 필요한 경우의 고려요인(0~100%)

---

59) 산업통상자원부, 앞의 실무가이드, 38쪽.
60) 한국지식재산연구원, 앞의 IP금융툴킷, 16쪽.
61) 산업통상자원부, 앞의 실무가이드, 101쪽.

4) 로열티 공제법

㈎ 개 념

로열티 공제법은 제3자로부터 라이선스되었다면 지급하여야 하는 로열티를 기술소유자가 부담하지 않음으로써 절감된 로열티 지급액을 추정하여 현재가치로 환산하는 방법을 말한다(같은 운영지침 제40조 제1항 전단). 나아가, 이를 사용하기 위한 전제조건은 비교 가능한 기술이 존재하여야 한다(같은 조 후단). 이러한 로열티 공제법은 수익접근법으로 분류되기도 한다.[62]

로열티 공제법을 사용하는 경우에는 대상기술과 비교할 만한 투자위험과 수익성을 가지는 유사기술의 라이선스 거래를 선택하여 그 로열티에 대상기술과 유사기술과의 차이를 반영하여 로열티를 산정하여야 한다(같은 조 제2항). 나아가 대상기술과 유사기술의 로열티 계약 조건을 비교할 때에는 다음 각 호와 같은 요인을 검토하여 차이를 반영하여야 한다(같은 조 제3항).

● **다음 각 호의 요인**

1. 기준이 되는 라이선스된 유사기술의 법적 권리에 관한 내용
2. 기준이 되는 라이선스된 유사기술의 유지에 관하여 요구되는 내용(제품광고, 마케팅, 품질관리 등)
3. 기준이 되는 라이선스계약의 유효일
4. 기준이 되는 라이선스계약의 만료일
5. 기준이 되는 라이선스계약의 독점성의 정도

만약 유사기술의 거래사례를 사용할 수 없는 경우에는 업종별 로열티 통계 또는 상관행법 로열티 통계(25% 혹은 33%)를 거래사례

---

62) 결과적으로 기술 소유에 따른 가치금액으로 볼 수 있다(산업통상자원부, 위의 실무가이드, 42쪽).

의 추정치로 사용할 수 있다(같은 조 제4항). 유사기술의 거래사례가 아닌 업종별 로열티 통계 또는 상관행법 로열티 통계를 사용하는 경우에는 로열티 결정에 영향을 미치는 요인을 반영하여 최종 로열티를 산출할 수 있으며, 영향요인에는 대상기술의 권리적 속성, 기술적 속성, 시장적 속성을 반영하여야 한다(같은 조 제5항). 로열티 산정 기준은 대상기술에도 동일하게 적용되어야 한다(같은 조 제6항).

● **로열티 공제법 적용 시 주의사항**[63]

① 로열티 공제법에서는 대상기술 로열티 수입의 흐름을 근거로 가치를 추정하므로 본 방법을 적용할 경우 선택된 라이선스 거래는 대상기술과 비교할 수 있을 만큼 유사한 속성(투자위험과 수익성 등)을 반영하고 있어야 함

② 대상기술의 경제적 이익흐름 창출 가능성을 분명하게 제시할 수 있어야 함

③ 업종별 로열티 통계를 이용할 경우 대상기술에 대한 로열티 적용의 적절성을 검토하고 그에 대한 의견이 포함되어야 함

④ 기술성, 권리성, 시장성, 사업성 등 정성적 분석 내용을 반영하여 증감률, 조정계수, 지식재산 유효성 등의 평가항목을 평가해야 함

(나) **평가방법**

로열티 공제법의 절차는 다음과 같다. ① 다음 조건들을 특별히 고려하여 라이선스 계약 조건을 평가한다. 기준이 되는 라이선스 재산의 법적 권리에 관한 기술 내용, 기준이 되는 무형자산의 유지에 요구되는 기술 내용(즉, 제품광고, 제품 향상, 품질관리 등), 기준이 되는 라이선스 계약의 유효일, 기준이 되는 라이선스 계약의 만료일, 기준이 되는 라이선스 계약의 독점성 등이다. ② 전반적인 산

---

63) 산업통상자원부, 위의 실무가이드, 36-37쪽.

업 현황, 관련 시장의 현황, 향후 시장의 전망 등을 평가한다. ③ 시장에 근거하여 할인율을 합리적으로 추정한다. ④ 합리적으로 추정한 할인율을 경제적 이익에 적용하여 최종적으로 기술가치금액을 산정한다.[64]

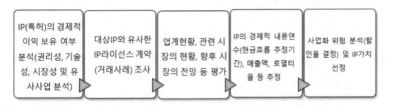

| 출처 | 산업통상자원부, 위의 실무가이드, 102쪽.

로열티 공제법을 적용하기 위해서는 대상기술이 경제적 이익흐름이 발생하게 될 것이라는 점을 분명하게 증명할 수 있어야 한다. 그래야만 평가자는 기준이 되는 라이선스 계약으로 도출되는 로열티 지급액 방식(즉, 매출수익의 %, 매출총이익의 % 등)을 적용할 수 있다. 로열티를 적용하는 근거 금액을 매출액이라고 가정하면 기술 내지 지식재산권의 가치는 다음과 같은 방식으로 평가할 수 있다.[65]

예컨대, 조정계수 + 0.7 × 1.0 × 1.0 = 0.7이라면 기술의 가치는 3억 원 × 0.7 = 2.1억 원으로 조정된다. 조정계수는 비교대상기술을 1.0으로 설정했을 때, 대상기술의 경쟁력 조정계수를 기술성, 시장성, 권리성 종합 평점으로 조정한다. 조정계수는 평가등급을 점수로 환산하는 방법 등 다양한 방식을 적용하여 전문가 합의에 의하여 적용 가능하다.[66]

---

64) http://www.dvnnews.com/news/quickViewArticleView.html?idxno=10050.

65) 위의 사이트.

66) 위의 사이트.

IP가치 = (IP 매출액 × 합리적 로열티율)의 현재가치 × IP유효성

IP매출액 = 매출액 × IP보호비중

합리적 로열티율 = 기준율 × 조정계수

- 기준율: 업종별 로열티 통계의 중앙값(또는 평균)
- 조정계수: 로열티 영향요인 평점에 근거하여 기준율을 조정하는 계수
- IP보호비중: 대상IP가 매출액 추정 제품에서 차지하는 비율 (0~100%)
- IP유효성: IP의 권리로서의 유효성과 거래가능성에 대한 평점 (0~100%)

(IP담보를 위한 가치평가에 있어서 IP담보요소로 활용 가능함)

| 출처 | 산업통상자원부, 위의 실무가이드, 107쪽.

제3절
지식재산권의 가치평가의 사례

1. 수익접근법

(1) 지식재산권 가치평가 모형

지식재산권 가치평가의 모형은 기본적으로 기술가치의 평가 방법 중 주로 이용하는 수익접근법에 지식재산권의 특성을 반영하여 수정한 것이다. 구체적으로는 지식재산의 관점의 평가요인인 기술성, 권리성, 시장성 분석과 지식재산권의 기여도의 도입 및 추정을 한 것이다. 구체적인 가치평가 모형은 다음과 같다.[67]

$$\text{IP의 가치} = \sum_{t=1}^{n} \frac{CF_t}{(1+r)^t} \times \text{IP기여도}$$

(2) 지식재산권의 가치평가 산출 과정

지식재산권의 가치평가 산출 과정은 위에서 언급한 수익접근법의 가치평가의 절차와 유사하나, 기술기여도를 지식재산권 기여도로 대체하였다.

---

67) 산업통상자원부, 앞의 실무가이드, 95쪽.

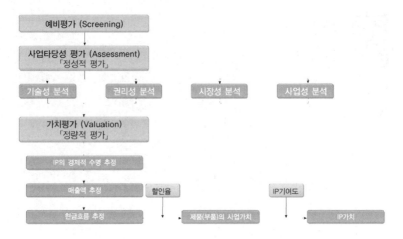

| 출처 | 산업통상자원부, 「기술가치평가 실무가이드」, 2014. 12, 96쪽.

1) 지식재산권 기여도

기술가치 평가모형은 대상기술에 대한 가치평가를 하는 것으로 기술의 구성요소인 지식재산권의 독립적인 가치를 반영하는 데 한계가 있다. 따라서 기술가치와 지식재산권의 가치를 분리하여 평가함으로써 기술과 구별되는 지식재산권만으로 거래를 하거나, 담보로 활용하거나 현물출자로 이용함에 용이하도록 하였다. 지식재산권의 가치는 지식재산권을 사업화한다는 것을 전제로 창출되는 것으로, 먼저, 사업을 영위함으로써 파생되는 개별 기술의 사업가치를 기술기여도를 통해 산정하고 그에 대하여 지식재산권 비중을 곱하여 산정하게 된다. 여기서 개별 기술의 사업가치라 하면 미래 현금흐름을 할인한 현재가치를 의미한다.

실무에서는 기술기여도는 기술요소법에 의하여 산업 특성을 반영한 산업기술요소와 개별기술의 특성을 파악한 개별기술강도를 통해 산출하고 있다. 반면 지식재산권 기여도는 지식재산권의 도입이나 사용에 의하여 창출된 경제적 이익(순 현금흐름의 증가분) 중 지식재산권이 기여한 상대적 비중으로 기술기여도에 지식재산권

비중을 곱하여 얻어진다. 즉, 다음과 같은 방식에 의하여 산출된
다.[68]

> IP기여도 = 기술기여도 × IP비중
> 기술기여도 = 산업기술요소 × 개별기술강도

2) 지식재산권의 비중

지식재산권의 비중이란 기술가치에 지식재산권이 기여한 부분
을 얻기 위한 지표로 개별기술을 지식재산권 부문과 비지식재산권
부문으로 구분할 것을 전제로 하고 있다. 전문가들을 대상으로 설
문조사(계층분석기법인 AHP 이용)를 통해 기술가치 중 지식재산권의
기여분과 비지식재산권의 기여분을 구분할 수 있는 평가항목을 선
정하여 지식재산권 비중의 평가항목을 도출하였다.[69] 그 구체적인
항목은 다음과 같다.

평가 항목[70]	의미	세부 내용	
권리 안정성	대상기술의 제품화 및 사업화를 위해 대상 지식재산권의 법적인 권리 안정성과 같은 지식재산권적 요소와 비밀유지 체계와 같은 비지식재산권적 요소의 중요성을 상대적으로 평가	대상 지식재산권의 법적 안정성 확보가 절대적으로 필요하고 비지식재산권[71] 요소는 전혀 필요하지 않은 경우	10점
		비밀유지체계, 노하우 등 비지식재산권적인 요소의 확보가 절대적으로 중요하고 지식재산권 요소는 전혀 필요하지 않은 경우	0점
		지식재산권요소와 비지식재산	5점

---

68) 산업통상자원부, 위의 실무 가이드, 96-97쪽.
69) 산업통상자원부, 위의 실무 가이드, 97쪽.

		권요소의 필요성이 거의 동일한 경우	
모방 용이성	경쟁기술이나 경쟁제품의 모방으로부터 대상사업을 보호하기 위해 대상 지식재산권의 보유와 비지식재산권의 요소의 상대적인 중요성을 평가	대상 지식재산권의 보유가 절대적으로 필요하고 비지식재산권적 요소는 전혀 필요하지 않은 경우	10점
		비지식재산권적 요소만이 중요하고 지식재산권의 보유가 전혀 필요하지 않은 경우	0점
		지식재산권 요소와 비지식재산권 요소의 필요성이 거의 동일한 경우	5점
독립성 (분리이전가능성)	대상 지식재산권만으로 기술이전이나 제품화가 가능한지, 비지식재산권 요소가 필요한지 등을 상대적으로 평가	대상지식재산권만으로 기술이전 및 제품화가 가능하고 비지식재산권 요소는 전혀 필요하지 않은 경우	10점
		비밀유지체계, 노하우 등 비지식재산권적 요소가 절대적으로 필요하며 지식재산권의 확보는 전혀 필요하지 않은 경우	0점
		지식재산권요소와 비지식재산권의 필요성이 거의 동일한 경우	5점
이익 기여도	생산성 향상과 원가개선 등 이익창출 측면에서 대상 지식재산권과 비지식재산권 요소가 어느 정도 기여하는지 상대적으로 평가	생산성 향상과 원가개선 등 이익창출을 위해 대상 지식재산권이 절대적으로 필요하고 비지식재산권 요소는 전혀 필요하지 않은 경우	10점
		비밀유지체계, 노하우 등 비지식재산권적인 요소가 절대적으로 필요하고, 지식재산권의 보유가 전혀 필요하지 않은 경우	0점
		지식재산권 요소와 비지식재산	5점

권리 범위	기술구현(제품화)을 위 해 지식재산권과 비지 식재산권 요소가 어느 정도 기여하는지 상대 적으로 평가	권 요소의 필요성이 거의 동일 한 경우	
		대상기술에 기반한 제품이나 서비스를 구현함에 있어서 대 상 지식재산권의 권리범위를 벗어나면 대상기술의 구현(제 품화)이 불가능한 경우	10점
		대상 지식재산권의 권리범위를 벗어나도 동일한 성능을 가지 는 기술 또는 제품의 구현이 가 능한 경우	0점
		지식재산권 요소와 비지식재산 권 요소의 필요성이 거의 동일 한 경우	5점

| 출처 | 산업통상자원부, 위의 실무 가이드, 98쪽.

(3) 지식재산권의 기여도와 비중의 산출 사례

1) 지식재산권 기여도의 산출 사례[72]

> 〈예시〉 헤드업 디스플레이 관련 기술에서 IP기여도
>
> ❶ 대상기술이 속한 산업(C26, 전자부품, 컴퓨터, 영상, 음향 및 통신기기 제조업)의 산업기술요소: 62.11%
> ❷ 평가대상기술의 개별기술강도: 75%

---

70) 평가항목 내지 평가항목의 상대적 비중은 전문가의 합의에 의하여 조정될 수 있다.
71) 비지식재산권이란 기술을 구성하는 요소 중에서 노하우, 영업비밀 등 지식재산권을 제외한 것을 의미한다.
72) 산업통상자원부, 앞의 실무 가이드, 99쪽.

❸ 기술기여도: 46.58%

❹ IP비중: 75%

❺ IP기여도: 34.94%

IP기여도 = 기술 기여도 × IP비중

산업기술요소	62.11%
개별기술강도	75%
기술기여도	46.58%
IP비중	75%
IP기여도	34.94%

2) 지식재산권 비중의 산출 사례[73]

〈예시〉 헤드업 디스플레이 관련 기술에서 IP 비중

평가항목	평가점수
권리안정성	8
모방용이성	7
독립성(분리 · 이전 가능성)	9
이익기여도	6
권리범위	8
합 계	75%(=7.5/10)

* 본 사례에서 IP 비중은 각 평가항목의 가중치를 권리안정성 30%, 모방용이성 20%, 독립성 10%, 이익기여도 20%, 권리범위 20%로 하여 산정한 것임.

---

73) 산업통상자원부, 위의 실무 가이드, 99쪽.

2. 로열티공제법

(1) 평가 방식

이 평가방식은 기업이 보유하고 있는 기술과 노하우를 활용하여 제조·판매한 제품의 매출액에서 지식재산권이 기여한 비중을 지식재산권의 가치로 본다. 그 이유는 비록 지식재산권이 기업과 분리하여 이전하는 것이 가능하지만, 기업 내 축적된 기술이나 노하우는 기업 자체에 포함되어 거래(M&A 등)되고 있기 때문이다. 따라서 로열티 산정 근거를 그 기업의 매출액에 근거를 두고 평가를 하면 다음과 같다.[74)]

IP가치=(매출액×로열티율)의 현재가치
로열티율=기준율×이용률×증감률×개척률

- 기준율: 업종별 로열티 통계의 중앙값(또는 평균)
- 이용률: 해당 IP(특허)가 제품에서 차지하는 비율(0~100%)
- 증감률: 라이선스의 상황 등 특수요인을 고려한 것(기본은 100%)
- 개척률: 제품화에 거액의 비용이 필요한 경우의 고려요인(0~ 100%)

| 출처 | 산업통상자원부, 위의 실무 가이드, 101쪽.

---

74) 본 평가모형에서 새로이 제시한 요소들 이외의 매출액 추정, 지식재산권 수명 추정, 할인율 산정 등은 기술가치평가의 로열티공제법 산정 방식을 준용한다.

(2) 평가 절차

지식재산권의 가치를 객관적으로 평가하기 위해서 대상 지식재산권과 비교할 만한 유사 라이선스 계약(공정거래 기반)이 존재하는지를 먼저 조사·분석하여야 한다. 만약 비교할 수 있는 사례가 있다면, 대상 지식재산권의 로열티율을 산정함에 있어서 그것을 반영하여야 한다. 다만, 비교 대상 거래 사례를 선택함에는 그 거래의 투자 위험성 및 수익성도 함께 반영하여야 한다. 다음으로 사업주체가 보유하고 있는 지식재산권이 실제로 수익을 창출하고 있는지 또는 창출 가능성이 있는지를 면밀히 분석하여 그에 대한 매출액을 추정하고 이를 기준으로 지식재산권의 가치를 정량화하여야 한다. 구체적인 방법은 다음과 같다.

이 로열티공제법은 지식재산권의 소유자가 지식재산권을 소유하지 않음으로써 부담하게 될 합리적 로열티를 추정하여 지식재산권의 가치를 추정하는 방법이다. 이 공제법의 적용을 위해서는 대상 지식재산권이 경제적 이익을 창출하거나 창출 가능한 근거를 제시해야 한다. 또한 그 전제로 대상 지식재산권의 권리성, 지식재산권 적용 기술제품에 대한 기술성, 시장성 및 사업성을 충분히 분석하지 않으면 안 된다. 즉, 대상 지식재산권의 가치를 평가하기 위한 로열티율은 기술성, 권리성, 시장성 등의 분석 결과를 토대로 합리적인 추정이 되어야 하며, 기준율은 대상 지식재산권의 로열티율을 추정하는 과정에서 기준이 되는 로열티율을 의미한다. 대상 지식재산권과 유사한 기술로 과거 거래되었던 사례의 로열티율이 가장 적절하지만, 만약 비교 대상 거래 사례를 찾을 수 없다면 대상 지식재산권 제품이 속하는 업종의 로열티 통계의 중앙값(또는 평균)을 적용하도록 하고 있다. 이용률은 제품의 제조를 위하여 사용된 전체 기술에서 대상 지식재산권이 차지하는 비율을 의미한다. 이용률을 적용하는 이유는 대상 지식재산권 제품을 구성하는 많은 기술 중에서 대상 지식재산권만이 차지하는 로열티를 산정하기 위함이다. 증감률은 로열티 기준율을 증가하게 하거나 감소하게 하는 조정율을 의미하며, 로열티율을 산정하기 위하여 대상 지식재산권 제품의 업종별 로열티 통계의 중앙값(또는 평균)을 기준으로 하기 때문에 그에 대한 조정이 필요하다.[75] 마지막으로 개척률은 기술을 제품화하는 과정에서 소요되는 비용 또는 투자액이 어느 정도인지에 관한 지표라고 할 수 있다. 대상 지식재산권의 제품화는 가능하나 막대한 자금이 소요된다면 지식재산권을 활용(또는 도입)하여 제품화를 할 수 없을 것이며, 이러한 경우 지식재산권의 사용가치 측면에서 누구도 도입을 하지 않아 로열티율은 '0'이 될 것이고, 그렇지 않을 때 개척률은 기본값으로 100%가 적용된다.

증감률 산정표 예시[76]

구분		평가항목	점수								
			-2	-1.5	-1	-0.5	0	0.5	1	1.5	2
기술성 (12개)	기술 유용성	기술의 개척성									○
		2. 타인의 활용성							○		
		3. 타 제품에 미치는 영향							○		
		4. 회피비용 또는 회피설계									○
		5. 진행 중인 기술전망									○
		6. 경제적 내용수명							○		
	기술 경쟁성	7. 차별성							○		
		8. 기술의 복잡성									○

---

75) 증감률은 권리성, 기술성, 시장성, 사업성 분석에서 가치에 영향을 미칠 수 있는 주요 평가항목을 선정하여 평점평가모형을 통해 점수화하여 산정한다(산업통상자원부, 위의 실무 가이드, 104쪽).

76) 산업통상자원부, 위의 실무 가이드, 105쪽.

대분류	중분류	소항목							
		9. 독창적인 상업적 우위성					○		
		10. 대체기술					○		
		11. 진부화 가능형					○		
		12. 대체 가능성					○		
권리성 (10개)	권리 인정성	13. 출원경과						○	
		14. 유사특허의 정도						○	
		15. 권리의 제한성							○
	권리 범위의 광협	16. 권리의 구성요소	○						
		17. 권리의 추상성					○		
		18. 회피 가능성	○						
	권리 충실성	19. 권리의 실시예					○		
		20. 권리의 망라성				○			
		21. 침해발견 용이성					○		
		22. 권리의 광역성	○						
시장성/사업성 (8개)		23. 고객의 지불의지					○		
		24. 고객에 미치는 영향			○				
		25. 경쟁자의 영향					○		
		26. 경쟁적 반응					○		
		27. 기술사용자의 활용성					○		
		28. 특별한 인정							○
		29. 기술구현에 필요한 자본					○		
		30. 예상 매출					○		
합계		소계(항목)	3	1	4	1	13	2	6
		소계(점수)	-6	-1	0	0.5	13	3	12
		총계	21.5						

(3) 평가의 예시

생체나이 분석 서비스 특허[77]

가 경제적 수명(현금흐름 기간) 추정

- 수익접근법과 동일한 방법으로 지식재산권의 경제적 수명(현금
흐름기간) 추정: 10년

나 매출액 추정

(단위: 백만 원)

구 분 (년도)	1차	2차	3차	4차	5차	6차	7차	8차	9차	10차
매출액	1,820	2,404	3,183	4,227	5,631	7,354	9,631	12,648	16,660	22,009

다 로열티율 추정

- 기준율은 관련 기술분야의 거래사례를 조사하여 로열티율을 5%
라고 가정
- 생체나이 분석 서비스를 제공하기 위한 전체 기술에서 대상 특허
가 차지하는 비중(이용률)은 72%로 산정
- 기술성(12개), 권리성(10개), 시장·사업성(8개)의 총 30개 평가
항목에 대한 점수를 평가하고 이를 합산하여 증감률은 136%로
산정
- 개척률은 100% 적용

> 로열티율 = 5%(기준율) × 72%(이용률) × 136%(증감률) × 100%(개척률)
> = 4.9%

라 할인율(WACC) 결정: 15%

77) 산업통상자원부, 위의 실무가이드, 106쪽.

마 지식재산권(특허) 가치 산정

(단위: 백만 원)

구분 (년도)	1차	2차	3차	4차	5차	6차	7차	8차	9차	10차
매 출 액	1,820	2,404	3,183	4,227	5,631	7,354	9,631	12,648	16,660	22,009
로열티율	4.9%									
로열티 수입	89	118	156	207	276	360	472	620	816	1,078
법 인 세	10	13	17	24	39	57	82	114	158	215
세후이익	79	105	139	184	237	303	390	505	659	863
할 인 율	15%									
현재가치	69	79	91	105	118	131	147	165	187	213
IP가치	1,306									

* 평가기준일: 1차년도 1월 1일.

찾아보기

ㅎ

고 재 종

경희대학교 졸업(법학사)
한국외국어대학교 대학원(법학박사)
대만 담강(淡江)대학교 방문연구원
현) 선문대학교 법경찰학과 교수

〈저 서〉
상법총칙 · 상행위법(동방문화사)
회사법(동방문화사)
어음 · 수표법(동방문화사)
중소기업을 위한 기업법무(부천상공회의소) 등

〈논 문〉
'발명을 한 사람'의 의미 및 인정기준에 대한 고찰
일본의 인공지능 창작물에 대한 저작권법상 논의 동향
커버드본드 시장의 활성화를 위한 현행 법제도의 개선 방안
비트코인의 규제에 대한 비교법적 고찰
사이버 보안 관련 법 규제의 현황과 개선방안
오픈소스 소프트웨어의 법적 문제에 대한 검토
벤처 캐피탈 투자 규제에 관한 비교법적 고찰
개인정보유출 배상보험의 고찰
고빈도 거래의 투자자 보호를 위한 규제 방안 등

지식재산권을 통한 금융거래 및 자금조달 가이드북

2020년 11월 20일 초판 인쇄
2020년 11월 30일 초판 발행

저 자   고 재 종
발행처   한국지식재산연구원
편집·판매처   세창출판사

한국지식재산연구원

주소: 서울시 강남구 테헤란로 131 한국지식재산센터 3, 9층
전화: (02)2189-2600 팩스: (02)2189-2694
website: www.kiip.re.kr

세창출판사

주소: 서울시 서대문구 경기대로 88 냉천빌딩 4층
전화: (02)723-8660 팩스: (02)720-4579
website: www.sechangpub.co.kr

ISBN 978-89-92957-90-8 93360

이 저서는 2020년도 한국지식재산연구원의 IP전문도서발간사업의 지원을 받아 연구되었음.

지식재산권을 통한
금융거래 및
자금조달 가이드북